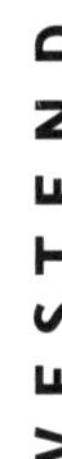
WESTEND

Moshe Zuckermann

Wagner

Ein ewig deutsches Ärgernis

WESTEND

Mehr über unsere Autoren und Bücher:
www.westendverlag.de

Die Deutsche Nationalbibliothek verzeichnet diese Publikation in der Deutschen Nationalbibliografie; detaillierte bibliografische Daten sind im Internet über http://dnb.d-nb.de abrufbar.

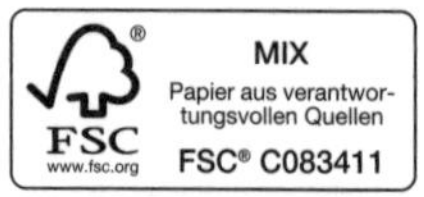

ISBN 978-3-86489-311-7

Umschlag: Buchgut, Berlin
Satz: Publikations Atelier, Dreieich
Druck und Bindung: CPI – Clausen & Bosse, Leck
Printed in Germany

Inhalt

Vorwort	7
Richard Wagner – ein deutsches Ärgernis	9
Revolutionärer Tondichter	22
Exkurs: Musikalische Gestik	39
Wagners Antisemitismus	53
Antisemitismus in Wagners Werk?	67
Werk und Person	83
»Dreigestirn ewig verbundener Geister« und die Folgen	102
Wagner in Israel oder Die Wonnen der Ignoranz	121
Schlussbetrachtung	137

Vorwort

Noch einmal Wagner? – mag man sich fragen. Gibt es nicht schon mehr als genug über ihn? Handelt es sich doch um eine der Zentralfiguren des kulturellen Lebens Deutschlands im 19. Jahrhundert mit weitreichendem Impakt auf das 20. und selbst noch das 21. Jahrhundert. Ist nicht schon genügend Historisches, Politisches, Musikologisches und Kunstphilosophisches, Ideologiekritisches und Polemisches, Bewunderndes und Gehässiges, Musiktheoretisches und Feuilletonistisches über dieses kontroverse Genie geschrieben und zusammengetragen worden?

Ja, gewiss. Und dies mag durchaus demotivieren: Wenn schon so viel gesagt worden ist, mag schon alles gesagt worden sein. Es mag gleichwohl gerade dies die Herausforderung ausmachen, sich an diesem »Thema« ein weiteres Mal versuchen zu wollen. Das ist auch der Impuls, von dem die vorliegende Schrift angetrieben ist. Sie entsprang allerdings nicht einer spontanen Laune, sondern ist das Ergebnis einer nunmehr über fünfzig Jahre währenden Auseinandersetzung mit Richard Wagner. Es handelt sich also um eine lebenslange Faszination. Das Wesen der Faszination ist ambivalent. Die lateinische Etymologie verweist auf »Beschreiung«, »Behexung«, mithin auf eine durch irrationale Wirkung unwiderstehlich ausgeübte Anziehung. Offen bleibt freilich, ob Schönes oder Hässliches, Gutes oder eben auch Böses am Werk ist, wenn Faszination ihre Anziehung ausübt. Meine langjährige Beschäftigung mit Wagner war seit jeher von Faszination beseelt und darin eben ambivalent. Die vorliegende Schrift ist die Frucht dieser Ambivalenz.

Sie ist als ein in acht Kapitel unterteiltes Essay angelegt, beansprucht mithin keine stringente wissenschaftliche Darstellungsweise. Daher auch der bewusste Verzicht auf einen wissenschaftlichen Fußnotenapparat. Der Text soll frei und störungsfrei gelesen werden. Das Sujet selbst ist verstörend genug.

Moshe Zuckermann
Tel Aviv, im Mai 2020

Richard Wagner – ein deutsches Ärgernis

In einem 1973 erschienenen Artikel nennt Jost Hermand den Dichter Heinrich Heine »ein permanentes Ärgernis«. Schon im Titel des Aufsatzes (*Das falsche Ärgernis*) ist Hermands Intention zu erkennen: Ein Heine, der mehr als hundert Jahre nach seinem Tod noch immer ein Ärgernis in Deutschlands Bundesrepublik darzustellen vermag, entlarvt eine anachronistische, weil immer noch nicht bewältigte, politische Idiosynkrasie, deren Ursprung, Verbreitung und Verfestigung sich bis tief in Deutschlands geschichtliche Entwicklung im 19. Jahrhundert zurückverfolgen lassen. Das Phänomen Heine wird zum dialektisierenden Paradigma dieser Entwicklung erhoben; denn, so Hermand, »wenn man Heine nicht akzeptiert, akzeptiert man auch die Demokratie in Deutschland nicht«.

Ein 1982 von Klaus Umbach herausgegebenes Buch über den Komponisten Richard Wagner trägt den Titel *Richard Wagner. Ein deutsches Ärgernis*. Nicht von ungefähr gebraucht Umbach dieses Attribut, denn auch für ihn steht die von ihm anvisierte historische Gestalt für eine Entwicklung. »In Wahrheit«, schreibt er, »fügen sich Wagners Leben und das Jahrhundert nach ihm bruchlos ineinander. [...] Das Jahrhundert nach Wagner ist Wagners größter und bedenklichster Triumph.« Zwei deutsche Ärgernisse also beziehungsweise zwei Ärgernisse des deutschen 19. Jahrhunderts.

Es erhebt sich gleichwohl die Frage: Ist eine solche Assoziation angängig? Die des Juden Heinrich Heine mit dem obsessiven Antisemiten Richard Wagner? Des Dichters Heine, dessen Schriften der Bücherverbrennung von 1933 zum Opfer fielen, mit dem von den Nazis zum geistigen Vorläufer hochstilisierten Komponisten Wagner? Es scheint, als seien es gerade diese Gegensätze, die den Reiz des Assoziativen ausmachen – nicht so sehr wegen der archetypischen Komplementärbeziehung des Juden mit dem Antisemiten; auch nicht wegen des historisch belegten literarischen Einflusses, den Heine auf Wagner ausgeübt hat, sondern primär deshalb, weil Heine und Wagner in ihrem »Ärgernis«-Sein, mithin als Paradigmen, die polarisiert entgegengesetzten Möglichkeiten des »deutschen Weges« im 19. Jahrhundert personifizieren. Thomas Mann verfolgte wohl einen ähnlichen Gedanken, als er (sich allerdings auf Goethe beziehend) 1911 sagte: »Die Deutschen sollte man vor die Entscheidung stellen: Goethe oder Wagner. Beides zusammen geht nicht. Aber ich fürchte, sie würden Wagner sagen [...].«

Ein Ärgernis waren Heine und Wagner schon zu Lebzeiten – der eine in der ersten, der andere in der zweiten Hälfte des 19. Jahrhunderts wirkend. Entscheidend für den Ausgangspunkt der vorliegenden Betrachtung ist die Geschichte ihrer späteren Rezeption. Heine, den man »als den Bonapartisten und den wahren Sohn des Rheins, als den besten deutschen Patrioten und den wildesten Preußenfresser« ansah; der »ein Prophet des Kommunismus« war, »lange bevor er den jungen Marx in Paris traf«; der »die Zukunft des Kommunismus treffender entlarvt« hat, »als später die geschulte Armee der abtrünnigen Kommunisten«; der da »Sensualist, ja Hedonist, dort Spiritualist, der Hellene hier und der ewige Jude dort, der Überwinder des Hegelianismus und der Prophet des Saint-Simonismus, der atheistische Sohn der Revolution und der kokette

Deist« war, wie Hermann Kesten schrieb; dieser Heine »wurde von allen falschen Patrioten gehasst, weil er ein Kosmopolit war, ein Freund Frankreichs und der Freiheit, ein Freund der armen Leute und der Emanzipation«. Ganz zu schweigen von den Nazis, denen er »natürlich als der große Antibarbar verhasst« war. Und in der Bundesrepublik herrschte, so Jost Hermand, noch bis Ende der Sechzigerjahre des vorigen Jahrhunderts überall »Lähmung, Zögern, peinliches Schweigen oder höchstens vorsichtiges Anpassen«, wenn es um Heine ging.

Heines provokante Gestalt stach besonders grell in der spezifischen sozialen und politischen Situation Deutschlands im Vormärz hervor. Die bürgerlich-politische Revolution stand noch bevor, als die Verschärfung der sozialen Gegensätze den Konflikt zwischen dem Bürgertum und dem allmählich aufbegehrenden Proletariat offen zutage legte. Von einem entwickelten proletarischen Klassenbewusstsein konnte indes damals noch nicht die Rede sein. Träger der Hoffnungen auf die Errichtung eines auf Volkssouveränität beruhenden Einheitsstaates und auf den damit verbundenen Sturz des auf Geburt und Herkunft beruhenden Privilegiensystems waren die deutschen Demokraten und Liberalen. Der Widerspruch zwischen der abstrakten politischen Zielsetzung und der objektiven sozialen Entwicklung musste denn auch zu einem Scheitern der Revolution führen: Die sozialen Forderungen der Massen waren mit den politischen und konstitutionellen Postulaten des Bürgertums schlechterdings nicht vereinbar.

War die Revolution von 1848 der gleichsam verspätete Versuch eines Nachvollzugs der großen Französischen Revolution, so war ihr Scheitern mit einer umso größeren Ernüchterung und einer sowohl politischen als auch geistigen Wende verbunden: Das Vordringen der Reaktion im ganzen Reich kulminierte in den bismarckschen Siegen ab

1860 bis hin zur undemokratischen Reichseinigung »von oben«. Im kulturell-geistigen Leben bewirkte die misslungene Revolution eine Flucht in die subjektive Innerlichkeit einerseits und in die ideologische »Abwendung von der Welt« andererseits. Die Auffassung der Kunst als mögliche Linderung menschlichen Leids erhielt in Schopenhauers kulturpessimistischen (Willens-)Lehre eine bedeutende philosophisch ideologisierte Untermauerung.

Richard Wagner personifizierte, mehr als jede andere Künstlergestalt des deutschen 19. Jahrhunderts, diese Gesamtentwicklung. Es ist im hier erörterten Zusammenhang gerade bei ihm angebracht, sowohl die politische als auch die künstlerische Genese zu verfolgen. Denn eine Trennung beider Ebenen ist inadäquat, wie Hans Meyer bemerkt:

> Richard Wagners politische Grundanschauungen sind keineswegs als ein »nebenher« gegenüber seinen großen musikdramatischen Gestaltungen zu verstehen. Ohnehin verbietet sich eine solche Aufteilung zwischen der politischen und der »rein künstlerischen« Sphäre bei Wagner von selbst. Denn er vor allen strebte in aller Bewusstheit nach der Einheit von künstlerischer Form und weltanschaulichem Gehalt.

Es ist nun dieser »weltanschauliche Gehalt«, der Wagner als ein »deutsches Ärgernis« erscheinen lässt. Ein geglücktes 1848 hätte – pauschal ausgedrückt – einen Rückzug in die »deutsche Innerlichkeit« im Sinne einer Flucht aus dem Leben in die Irrationalität, ins Mythische, in »die Kunst um der Kunst willen« als Ideologie, hätte Bismarck, vielleicht gar Hitler unwahrscheinlich gemacht. Eine erfolgreiche Revolution 1848 hätte Deutschland vermutlich auf den demokratischen Pfad geführt und einem Heine gehuldigt. Nur ein undemokratisches Deutschland konnte

Wagner als Hohepriester deutschen Geistes feiern. So ließe sich aus dem bisher Dargelegten schlussfolgern. Aber stimmt es so? Kann dies so apodiktisch behauptet werden? Was Heine anbelangt, gewiss. Bei Wagner liegen die Dinge weitaus komplizierter.

Denn begonnen hat Wagners politische Entwicklung gerade im Zeichen eines (wie immer noch unausgereiften) revolutionären Umsturzes, den er schon seit seiner Jugend im Sinne hatte. Sein Glauben an die Notwendigkeit einer politisch-sozialen Umwälzung verfestigte sich im Laufe der Jahre ab 1843, nachdem er den Posten des Königlich-Sächsischen Hofkapellmeisters erlangt hatte. In seinem 1849 verfassten Gedicht *Die Not* findet sich der Ansatz einer Kapitalismuskritik; darin heißt es von den »tugendhaften sabbath-christen«:

> Sie haben Capital und renten
> und lieben sehr den staat
> darin sie leben von prozenten,
> und ärndten ohne saat,
> sie treiben künst und wissenschaften
> vergnügen sich am tugendhaften,
> und leben bis zum tod,
> ohn dich zu kennen: noth! [...]

Visionen einer durch Riesenbrände verursachten Verwüstung der Großstädte und eines Untergangs der alten (bestehenden) Ordnung kulminieren in der verklärten Huldigung an den Menschen, das Leben und die Natur:

> Denn über allen trümmerstätten
> blüht auf des lebens glück:
> es blieb die menschheit, frei von ketten
> und die natur zurück.
> Natur und mensch – ein elemente!

Vernichtet ist, was je sie trennte!
Der freiheit morgenroth,
Entzündet hat's – die noth!

Notizen zu einem nicht ausgearbeiteten Aufsatz bezeugen seinen Glauben daran, »dass mit der kommenden kommunistischen Ordnung solche historischen Fiktionen wie Monarchie und Erbbesitz verschwinden würden«. Die »erhabene Göttin Revolution« wird heraufbeschworen, um das »nie geahnte Paradies des Glücks« für die aus den Fabriken strömenden Scharen zu erkämpfen; denn »sie haben geschafft und erzeugt die herrlichsten Stoffe – sie selbst und ihre Kinder sind nackt, sie frieren und hungern, denn nicht ihnen gehört die Frucht ihrer Arbeit, dem Reichen und Mächtigen gehört sie, der die Menschen und die Erde sein eigen nennt«. Bestimmung und Recht des Menschen sei es, durch die innere höhere Vervollkommnung seiner geistigen, sittlichen und körperlichen Fähigkeiten zum Genuss eins stets wachsenden, reineren Glückes zu gelangen.

Auch den historischen Bezug stellt Wagner her: Im Jahre 1848 habe der Kampf des Menschen gegen die bestehende Gesellschaft begonnen. In Frankreich und England werde er bereits offen ausgetragen, und bald werde er auch Deutschland erfassen. Das müsse so kommen, wie der emphatischen Botschaft der Revolution zu entnehmen ist:

> Alles, was besteht, muss untergehen, das ist das ewige Gesetz der Natur, das ist die Bedingung des Lebens, und ich, die ewig Zerstörende, vollführe das Gesetz und schaffe das ewig junge Leben. Ich will zerstören von Grund aus die Ordnung der Dinge, in der Ihr lebt, denn sie ist entsprossen der Sünde, ihre Blüte ist das Elend und ihre Frucht das Verbrechen [...].

Nicht von ungefähr begeisterte sich Wagner für die Lehren des russischen Anarchisten Michail Bakunin – den er durch dessen jungen Anhänger August Röckel kennenlernte, als Bakunin 1848 in Dresden einen Zufluchtsort suchte –, fand er in ihnen doch die Voraussage des von ihm ersehnten Untergangs der europäischen Hauptstädte. Ist es also allzu verwunderlich, dass Wagner beim Dresdner Bürgeraufstand im Mai 1849 auf den Barrikaden zu finden war? Dass er nach Weimar und von dort mit der Hilfe von Franz Liszt in die Schweiz fliehen musste, weil er nach dem Misslingen der Erhebung steckbrieflich verfolgt wurde?

Nun, es kommt darauf an, wen man danach befragt. Dem Wagner-Biografen Robert Gutman zufolge besaß Wagner weder damals noch später eine ernst zu nehmende Gesellschaftstheorie. Zwar schreibt er noch im Jahre 1848: »Das Ziel fest ins Auge gefasst, wollen wir [...] zunächst den Untergang auch des letzten Schimmers von Aristokratismus«, und bezeichnet diese Bestrebung sogar als den »Anfang« eines langen Weges, vermag jedoch im »Kommunismus« nichts als die »abgeschmackteste und sinnloseste Lehre« zu sehen, einen »gedankenlosen Versuch [...], der sich in seiner reinen Unmöglichkeit selbst das Urteil der Totgeborenheit spricht«. So manche seiner vermeintlich revolutionären Motivationen, meint Gutman, hingen nicht mit den objektiven sozial-politischen Zuständen zusammen, sondern waren in seinen persönlichen Problemen und beruflichen Enttäuschungen begründet. So konnte ihn die plötzliche Absage aller Vorbereitungen zur »Lohengrin«-Premiere, verursacht durch die unruhige politische Lage Ende 1848, anspornen, sich »tiefer in revolutionäre Machenschaften« zu stürzen. Seine Schulden, seine allmähliche Entfremdung von seiner ersten Frau und seine künstlerischen Misserfolge – all dies ließ bei ihm Bedrückung und Notgefühl aufkommen, und es bedurfte eines Umschwunges, um aus diesem Zustand erlöst zu werden: »Die sozialistische Revolution erschien ihm immer deutlicher als das Zaubermittel, mit dem dieser Umschwung vollzogen werden konnte.« Der Musikologe Paul Bekker gelangt zu einer ähnlichen Schlussfolgerung, fügt aber hinzu, Wagner habe den unpolitischen Charakter seiner politischen Ideen erkannt. Sie seien Übertragungen einer tragisch leidenschaftlich gerichteten Produktionsstimmung auf das Leben gewesen. In der Tat bekennt dies Wagner selbst in seiner 1864 publizierten Schrift *Über Staat und Religion*: »Was ich da suchte, war wirklich immer nur meine Kunst – diese Kunst, die ich so ernst erfasste, dass ich für sie im Gebiete des Lebens, im Staate, endlich in der Religion, eben eine berechtigende Grundlage aufsuchte und forderte.«

Das Leben in seiner umfassenden Vielfalt ist wohl immer fundamentale Inspiration für jedwede Kunst. Wenn allerdings die institutionellen Formen des Lebens, in diesem Fall Staat und Religion, der ideologischen Rechtfertigung des Kunstwerks dienlich gemacht werden (und nicht umgekehrt), erfordert diese Umkehrung eine ausgegorene Lebensanschauung. Wie dubios die Grundsätze einer solchen Anschauung bei Wagner waren, erfährt man bei Robert Gutman, der Wagners emphatischen Glauben an die angeborenen »Tugenden« und edlen »Instinkte« des Volkes hervorhebt; nur die entarteten Höflinge und Juden hätten Volk und König in die Irre geführt, vor allem sie hätten seinen Plänen im Wege gestanden. Erforderlich sei die Beseitigung dieser Schmarotzer – sie würde die Freiheit für die germanische Welt bringen, welche dann, der Feinde entledigt und durch das »Theater« erlöst, ein glückliches Land werden würde, »in dem man die Monarchie abschaffen und zu gleicher Zeit das Königtum emanzipieren« könnte.

»Volk«, »König«, »Theater« und »Erlösung« ergeben hier ein Konglomerat wirrer Ideen, das den Eindruck vermittelt, Wagner selbst habe nicht so recht verstanden, was er auf sozial-politischer Ebene erstrebte. Er schuf sich eine Phantasiewelt, die ihm einen vermeintlichen Fluchtweg aus seiner privaten Misere bot, ohne dabei auf seine selbstgerechte Überzeugung verzichten zu müssen, man verstehe die Wahrheit seiner künstlerischen Sendung nicht. Es stimmt zwar, dass ihn die kleinkarierte, verspießte, teils auch korrupte Beamtenwelt, der er sich ausgesetzt sah, mit Ekel erfüllte, aber man kann Gutman nur beipflichten, wenn er feststellt:

> Der Wagner des Jahres 1848 wollte die Autorität nicht abschaffen, eine Reform genügte, auch wenn sie vielleicht mit drastischen Maßnahmen erzielt werden musste. Trotz seines Flirts mit dem Sozialismus, seiner Freundschaft mit Bakunin und Röckel und seiner blinden Versessenheit auf Feuer und Zerstörung blieb er doch im Grunde Monarchist und Anhänger einer autoritären Gesellschaftsordnung.

Wagners konservativ-regressive Obrigkeitsabhängigkeit und seine von ihr abgeleitete Auffassung der deutschen Kunst dokumentierten sich 1867 in seinem Aufsatz *Deutsche Kunst und Deutsche Politik*. Darin wird zwar das Theater als bedeutsamste Kundgebung deutschen Geistes bejubelt; da diese deutsche Kunst aber »ohne die Fürsten« entstanden sei, »gebräche [es ihr] an Macht und adeliger Vollendung, weil sie die Hälfte der Fürsten noch nicht erreichen und die Herzen der Herrscher dem deutschen Geiste noch nicht erschließen konnte«. Die Hinwendung zu den deutschen Fürsten und die ihnen zugeteilte Aufgabe, eine »selbst über unsere Grenzen heilsam hinausreichende wirklich deutsche Zivilisation« zu begründen, kam nicht von ungefähr. Drei Jahre zuvor, im Jahre 1864, hatte Wagner seine revolutionäre Vergangenheit bereits offenkundig verleugnet: »[…] wer mir aber die Rolle eines politischen Revolutionärs, mit wirklicher Einreihung in die Listen derselben, zugeteilt hat, wusste offenbar gar nichts von mir, und urteilte nach einem äußeren Scheine der Umstände […]«. Er sprach zwar von der »Ernüchterung aus der […] einer geistigen Berauschung nicht unähnlichen Stimmung«, sah aber den Grund hierfür nicht in den »Wendungen, welche die europäische Politik nahm«, sondern:

> Es war die Zeit, wo ich mich ganz und einzig wieder nur meinen künstlerischen Entwürfen zuwandte, und so, dem Leben aus vollstem Herzen seinen Ernst zuerkennend dahin mich zurückzog, wo einzig »Heiterkeit« herrschen kann.

Inwieweit Wagner den Kausalnexus zwischen der real gescheiterten Revolution und dem Rückzug aus dem »Leben« sowie der Flucht in die Kunst selbst zu erkennen vermochte, sei dahingestellt; das pseudopolitische »Revolutionäre« an ihm löste sich jedenfalls nach 1849 endgültig von konkreten, mit der Realität korrespondierenden politischen Inhalten. Seine national-chauvinistischen Gedanken bezogen sich immer weniger auf realhistorische Prozesse, die innerhalb einer Generation zum Bismarckreich führen sollten, umso mehr dafür auf utopische Fiktionen, die ihre vermeintliche Geltung aus dem archaischen Mythos bezogen. Auch in diesem Zusammenhang bringt es Gutman auf den Punkt:

> Er verzichtete auf das Historische, das nach seiner Meinung von der Interpretation abhängig war, und wandte sich dem Mythischen zu, dessen Quelle sein Lieblingsthema ist: die edle Intuition des Volkes. Er folgerte, dass Historie, da sie sich an den Verstand

> wendet, für das Drama ungeeignet sei, und sah im Mythos, der aus dem Leiden des Menschen entsteht, den einzigen Stoff, der Empfindungen im Theater anregen kann, ein offen sinnlicher Zweck, der nach seinem Urteil die Bühne überhaupt rechtfertigte.

Der nebulöse Übergang vom Begriffssystem »Geschichte-Gesellschaft-Vernunft« zur Konzeption »Mythos-Bühne-Emotion« ereignete sich mitnichten als vorübergehende Laune. Wagner glaubte tatsächlich an die notwendige Erlösung des Menschen von dessen Fesseln und Feinden. Darin war er freilich nicht sonderlich originell. Aber in seiner Auffassung sollte die Erlösung durch die Kunst, durch das »Gesamtkunstwerk« vollendet werden. Entsprechend wird die gesellschaftliche Revolution von den Barrikaden auf Dresdens Straßen zu den Brettern der Theaterbühne hinübergeführt. Hier dürfen die edlen, vom gesunden »Instinkt« geleiteten, ihren intuitiven Regungen ergebenen Gestalten Siegfrieds und Parsifals agieren. Nach heroischem Leidensweg fällt zwar der eine böser Heimtücke zum Opfer, der andere aber bringt Notleidenden Erlösung. Im ersten Fall geht das Götterreich zugrunde, im anderen wird die Welt erlöst. Wagner bleibt freilich im Hinblick auf das Wesen der Erlösung unbestimmt.

Eine Revolution, die keine ist, Leben, das als Mimesis gelebt wird, und eine Erlösung, die im musikalischen Rausch aufgeht – eine solche ideologische Vertauschung der dramatischen Realität mit der Realität des Dramas will in ihrer Motivation erklärt sein. Paul Bekker liefert hierfür eine bestechende Deutung:

> »Siegfrieds Tod« konnte nur von einem Umstürzler geschaffen werden, der Schöpfer der »Meistersinger« musste die Idee der Revolution ablehnen. Es gilt von Wagners politischen Überzeugungen das gleiche, wie

> von seinem Verhältnis zu den Frauen und zur Philosophie. Sie sind für ihn nicht Angelegenheiten des Menschentums. Sie sind Mittel, die Maske zu richten, deren er für sein Spiel bedarf, Mittel, an die er selbst glaubt und glauben muss, solange sie ihm nötig sind. Wagner hat sein Verhältnis zu Staat und Religion nicht König Ludwig zuliebe revidiert. Nahm er die Revision vor, so geschah es für das Werk, dessen Ausführung nun auch auf diesem Gebiete eine begriffliche Klärung erzwang.

Gleichwohl sei hervorgehoben, dass (über die persönliche Motivation hinaus) die wagnersche Revision seiner politischen Ausrichtung als paradigmatisch gelten darf – als personifizierte Symbolisierung der im deutschen Liberalismus (und in anderen emanzipativ eingestellten Strömungen) stattgefundenen Gesinnungsumkehr, letztlich als Paradigma der politischen Gesamtentwicklung Deutschlands im 19. Jahrhundert. Was der Vormärz verhieß, sollte in der Revolution von 1848 scheitern. Was aber zum Scheitern der Revolution führte, hatte nicht zuletzt mit dem zu tun, was Friedrich Meinecke einst als »Obödienzgesinnung« apostrophierte, mit dem für Deutschlands politische Kultur charakteristischen Obrigkeitsgehorsam, der nicht zuletzt mit dazu führte, dass die Delegation von Revolutionären, die in der Paulskirche die sogenannte »kleindeutsche Lösung« beschlossen hatte, zum preußischen König pilgerte, um ihm anzutragen, gesamtdeutscher Kaiser zu werden. Die französischen Revolutionäre exekutierten am 21. Januar 1793 ihren Monarchen, um die neuen bürgerlichen Macht- und Legitimationsverhältnisse auch im symbolischen politischen Akt anzuzeigen. Die deutschen Revolutionäre baten den Monarchen, zu einem noch mächtigeren »Landesvater« zu avancieren, als er ohnehin schon einer war. Die späterhin von Erich Fromm vorgenommene Unterscheidung zwischen dem Rebellen und dem wahrhaften Revolutionär schlug sich hier in solch eklatanter Weise kollektiv nieder, dass sich der deutsche Liberalismus nach der gescheiterten Revolution auf viele Jahrzehnte verkroch. Viele gesinnungsfeste »48er« verließen Deutschland. Nicht wenige wählten den Weg der – mit der Stimmung der deutschen Romantik überaus kompatiblen – »inneren Immigration«. Aber die allermeisten richteten sich im Verbliebenen ein, passten sich an und sahen dann in der bismarckschen Reicheinigung den Lohn ihrer ideologischen Konformität. Was späterhin als »deutscher Sonderweg« apostrophiert werden sollte, war lediglich die Rationalisierung dessen, was bereits im Wendejahr 1848 angelegt war. Wäre diese bürgerliche Revolution nicht so kläglich gescheitert, hätte die deutsche Geschichte im weiteren Verlauf ganz andere Züge annehmen können. Bildlich gesprochen: Heine hätte noch im Nachhinein gesiegt.

Schon darin, in seiner reaktionär-regressiven Wende, symbolisiert Richard Wagner also ein deutsches Ärgernis. Aber wäre dies die einzige Dimension seines Wirkens gewesen, würde man heute wohl kaum noch von Wagner reden. Indes, Wagner war nicht nur eine politische Gestalt, sondern gelangte zu Weltruhm als Künstler, als ein genialer Künstler. Dies gilt es hier, in gebotener Kürze, zu erörtern. Denn, wie bereits erwähnt, lässt sich diese Dimension seines historischen Wirkens von der anderen nicht allzu leicht trennen.

Revolutionärer Tondichter

Beginnen könnte man die Erörterung der Wagnerschen Kunst mit der Handlung seiner wohl populärsten Oper, »Die Meistersinger von Nürnberg«, welche, neben einer Liebesgeschichte mit Happy End, einen Sängerwettstreit zum Thema hat. Man sollte sich von dem amüsanten Charakter des Werks nicht täuschen lassen: Hinter der Fassade einer (relativ) leichten, romantischen Komödie verbirgt sich die Geschichte eines polemischen Kulturkampfes, reich sowohl an persönlichen Anfeindungen als auch an politisch-ideologischen Aussagen. Schon in der früheren Wagner-Oper »Tannhäuser und der Sängerkrieg auf der Wartburg« wird ein Sängerwettstreit dargestellt, wobei die am »Sängerkrieg« teilnehmenden Protagonisten Minnesänger sind, also mehr oder weniger die historischen Vorläufer der Meistersinger. Das Kampfmotiv (und nicht nur der scheinheilig ins Fair Play verklärte Wettstreit) hat bei Wagner eine spezielle Bedeutung, wie er in seinen *Mitteilungen an meine Freunde* von 1851 selbst bezeugte:

> Ich fasste Hans Sachs als die letzte Erscheinung des künstlerisch produktiven Volksgeistes auf und stellte ihn mit dieser Geltung der meistersingerlichen Spießbürgerschaft entgegen, deren durchaus drolligen tabulatur-poetischen Pedantismus ich in der Figur des »Merkers« einen ganz persönlichen Ausdruck gab.

> Dieser »Merker« war bekanntlich [...] der von der Singerzunft bestellte Aufpasser, der auf die den Regeln zuwiderlaufenden Fehler der Vortragenden, und namentlich der Aufzunehmenden, »merken« und sie mit Strichen aufzeichnen musste: wem so eine gewisse Anzahl von Strichen zugeteilt war, der hatte »versungen« [...].

Es handelt sich also um einen Hans Sachs, der sich Beckmesser, Hüter der Regeln, entgegenstellt und ihn bekämpft. Bedenkt man, dass Beckmessers Figur ursprünglich »Hans Lick« heißen sollte, ermisst man erst, wem eigentlich Hans Sachs' Kampf gilt und wie »persönlich« in der Tat der Ausdruck war, den Wagner dieser aggressiv karikierten Figur gab: Dr. Eduard Hanslick war einer der bedeutendsten Musikkritiker jener Zeit und auch einer der erbittertsten Gegner Wagners. Nicht nur die von ihm postulierte Hypokrisie in der von Wagner beanspruchten »Darstellung des Unwillkürlichen« erhob er zum Gegenstand seiner Kritik, sondern vor allem dessen ideologisch eingefärbte philosophische Auffassungen der Musik. In seinem 1854 erschienenen Buch *Vom Musikalisch-Schönen* brach er eine Lanze für die Autonomie der Musik und bestand darauf, dass die vom Komponisten in seiner Musik ausgedrückten Ideen im Wesen musikalisch seien. Von dieser rigorosen Grundannahme ausgehend, griff er schärfstens die der »Zukunftsmusik« Liszts und Wagners zugrunde liegenden Konzeptionen an. »Musik der Zukunft« war der emphatische Wahlspruch einer »Die Norddeutschen« genannten Gruppe, die sich um Franz Liszt in Weimar gesammelt hatte. Liszt und seine Anhänger behaupteten, Musik müsse ein (außermusikalisches) Programm aufweisen, und zur künstlerischen Umsetzung dieses Postulats erfanden sie das Genre der »symphonischen Dichtung«. Nicht, dass die Idee der »Programmmusik«

neu gewesen wäre; ein programmatisches Verhältnis zwischen dem Poetischen und dem Musikalischen lässt sich bereits in manchen Kantaten und Oratorien des 17. und 18. Jahrhunderts zeigen. Vivaldis »Die vier Jahreszeiten« sind bewusst programmatisch angelegt, so wie auch Beethovens »Pastorale« (obgleich von ihm selbst in Abrede gestellt) in diese Kategorie miteinbezogen werden kann. Berlioz' einführende Worte vor jedem der Sätze seiner »Fantastischen Symphonie« weisen erklärtermaßen eine programmatische Intention auf, zumal er selbst dieses bahnbrechende Werk als »Instrumental-Drama« bezeichnet hat. Das Neue am Phänomen der »Norddeutschen« war die ideologische Zuspitzung ihrer Bekenntnisse gegenüber den Anhängern der »absoluten Musik«. Den Unterschied zwischen dem »Tondichter« und dem »Nur-Musiker« sah Liszt darin,

> [...] dass der erste den Eindruck und die Abenteuer seiner Seele reproduziert, um sich zu vermitteln, während der andere Töne nach gewissen etablierten Regeln manipuliert, gruppiert und verbindet, um, spielerisch Hindernisse überwindend, bestenfalls zu neuen, kühnen, ungewöhnlichen und komplexen Kombinationen zu gelangen,

wie es in der *Collins Encyclopedia of Music* heißt.

Von selbst versteht sich, dass die Postulate der programmatisch ausgerichteten Musiker in erheblichem Maß publikumsorientiert waren. Zwar befassten auch sie sich weiterhin mit Formproblemen und Fragen der Kompositionstechnik, zugleich trat aber die Behandlung der Werkauslegung immer deutlicher auf den Plan. Liszts Annahme, dass eine immanente Beziehung zwischen Form, Ausdruck und Inhalt des Werkes bestehe, führte ihn zur Erkenntnis der Notwendigkeit, dem Werk ein Programm voranzustellen, »um den Zuhörer vor einer falschen poetischen Interpretation zu bewahren«. Die Idee einer solchen Einflussnahme des Künstlers auf den Zuhörer ist es nun, die bei Wagner zu einer radikalen, ideologisch gefestigten Kunstauffassung gerinnen sollte, deren pointierteste Manifestation sich in dem von ihm sogenannten »Gesamtkunstwerk« finden lässt.

»Ich schreibe keine Opern mehr«, deklarierte Wagner im Jahre 1851. »Da ich keinen willkürlichen Namen für meine Arbeiten erfinden will, so nenne ich sie Dramen, weil hiermit wenigstens am deutlichsten der Standpunkt bezeichnet wird, von dem aus das, was ich biete, empfangen werden muss.« Späterhin benutzte er die Bezeichnung »Tondrama«, und es war mehr als nur die Semantik, die ihn dazu veranlasste: Wagner zog tatsächlich in einen (wenigstens theoretisch) kompromisslosen Kampf gegen die konventionelle Oper, insbesondere gegen die der italienischen Tradition, welche zum europäischen Maßstab im 17. und 18. Jahrhundert avanciert war (und eine gesonderte Form in der französischen Grand Opéra des 19. Jahrhunderts gewann). Zwei zentrale Erzsünden lasteten Wagner zufolge auf der herkömmlichen Oper: die Art der von ihr verwendeten Poetik und die Priorität, die sie der Musik dem Drama gegenüber verlieh. Während das Bühnenwerk dramatisch in seinem Wesen sei, unterminiere gerade die Oper den dramatischen Fluss, mithin die Geschlossenheit des Werks, indem sie es in einzelne »Nummern« (Arie, Duett, Chor, Ensemble etc.) zerteilt, die für gewöhnlich nur wenig mit der inneren Logik des Handlungsablaufs gemein haben; »Nummern«, die mit Rezitativen verbunden sind, welche in belanglosem Singsang die Handlung vorantreiben sollen, oft aber nichts anders bedienen, als die künstliche Vorbereitung der nächsten »Nummer«. Der Komponist sei primär am musikalischen Effekt interessiert, daher auch bereit, den dramatischen

Fluss zu verzerren, mithin das Drama der Musik zu subordinieren.

Um dieser Argumentation Geltung zu verschaffen, wird kein anderer als der große Beethoven herbeibemüht. In einem 1840 verfassten Aufsatz legt ihm Wagner folgende Worte in den Mund:

> Ich bin kein Opernkomponist, wenigstens kenne ich kein Theater in der Welt, für das ich gern wieder eine Oper schreiben möchte! Wenn ich eine Oper machen wollte, die nach meinem Sinne wäre, würden die Leute davonlaufen; denn da würde nichts von Arien, Duetten, Terzetten und all dem Zeugs zu finden sein, womit sie heut' zu Tage die Opern zusammenflicken, und was ich dafür machte, würde kein Sänger singen und kein Publikum hören wollen. Sie kennen alle nur die glänzende Lüge, brillanten Unsinn und überzuckerte Langeweile. Wer ein wahres musikalisches Drama machte, würde für einen Narren angesehen werden [...].

Beethovens »Wiederbelebung« erfüllte einen Zweck: Für Wagner stellte der große Klassiker die revolutionäre Wende in der Instrumentalmusik dar; war er es doch, der, auf Mozarts symphonischer Vollkommenheit basierend, die bis zu seiner Zeit herrschenden formalen Begrenzungen durchbrach, um neue Werkformen zu schaffen, mithin den Weg für eine konzeptuelle Umorientierung der Beziehung zwischen Musik und Dichtung zu bahnen – den Weg zur »Neunten« mit dem choralen Schlusssatz. In Wagners Auffassung hatte es Beethoven zwar vermocht, die Bedeutung der reinen Instrumentalmusik herauszustellen, die Hauptaufgabe war aber noch ungelöst: die vollendete Integration von Musik mit der Begriffssprache des Dramas.

Die Aufgabenstellung übersteigt gleichwohl das reine Formproblem. Es geht Wagner um weit mehr. Er sucht

»den Menschen in der natürlichsten, heitersten Fülle seiner sinnlich belebten Kundgebung«, nicht den im »historischen Gewand« eingeengten Menschen; das Archaische, nicht die kulturelle Verkleidung; es sollte der Mensch »in der Fülle höchster, unmittelbarster Kraft und zweifellosester Liebenswürdigkeit« sein, und »kein außer ihm entstandenes Verhältnis« durfte ihn »in seiner Bewegung hemmen«. Solche Aspirationen konnten, wie Wagner meinte, nicht mit den flachen, aktuellen Sujets der Oper seiner Zeit befriedigend verwirklicht werden, denn:

> [A]lle unsere Wünsche und heißen Triebe, die in Wahrheit uns in die Zukunft hinübertragen, suchen wir aus den Bildern der Vergangenheit zu sinnlicher Erkennbarkeit zu gestalten, um so für sie die Form zu gewinnen, die ihnen die moderne Gegenwart nicht verschaffen kann.

Die Bestrebung, universal-mythische Wahrheiten ins Bühnenmedium zu übersetzen, impliziert auch die Priorität von Emotion und Trieb gegenüber Vernunft und Verstand in Wagners Anschauung. Das leitende Prinzip im Verhältnis von Kunstwerk und Zuschauer manifestiert sich in der psychischen Erregung, im unmittelbaren Eindruck und der fortwährenden Stimulation der Sinne. Für Wagner ließ sich diese Zielsetzung nicht mehr mit den althergebrachten Mitteln der konventionellen Oper erreichen: Die expressiven Aussagen der dramatischen Situation erforderten eine andere poetische Form als die des gekünstelten Endreim-Verses, welcher »mit seiner verschwebenden, körperlosen Gestalt« nicht mehr ausreichen kann; denn »der phantastische Trug der Endreime« vermag nur noch »scheinbares Fleisch über die Abwesenheit alles lebendigen Knochengerüstes zu täuschen, das dieser Verskörper nur als willkürlich dehnbares, hin und her zerfahrendes Schleimknorpelwerk noch in sich fasst«. Die Lösung für dieses Problem findet Wagner im alliterativen Stabreim, »in welchem einst das Volk selbst dichtete, als es eben noch Dichter und Mythenschöpfer war«. Gerade diese poetische Verwendung der Sprache berge reichhaltigere rhythmische Möglichkeiten für die Melodiebildung in sich – weshalb es auch angebracht sei, dass der Komponist sein Libretto selbst verfasst (was Wagner bei seinen eigenen Opern stets befolgte).

Der emotionale Ausdruck des Wortes muss durch gesteigerte psychische Stimulation verstärkt werden, eine Funktion, die Wagner der Musik beimisst. Das Orchester bekleidet daher mehr als nur eine Begleitfunktion. Es soll, die Assoziationskraft des Zuschauers ausbeutend, all das ausdrücken, was über das Vermögen der menschlichen Stimme hinausgeht. Erreicht wird somit eine reiche, auskomponierte symphonische Kontinuität. Kein »recitativo secco«, keine »Dacapo-Arie« mehr, sondern eine der dramatischen Situation angemessene freie Verbindung beider Elemente in der Vokalstimme, während das (riesengroße) Orchester die musikalischen Themen, deren Durchführung und Bearbeitung aufbereitet, mithin eine Art in sich geschlossener symphonischer Form produziert, die aber nicht darüber hinwegtäuscht, dass bei Wagner die Musik dem Drama als dienende Funktion unterstellt ist. Sie fungiert zum einen als »Illustration« der dramatischen Handlung, zum anderen aber als Medium zur Erregung der Sinne und Empfindungen. Nun birgt aber gerade dieser Gebrauch des musikalischen Mediums auch seine latente ideologische Bedeutung in sich. Denn wird Musik, ein begriffsloser Kunstbereich, als Vehikel für kognitive Aussagen benutzt, ist im Konzept der »Programmmusik« bereits die ideologische Intention einer Einflussnahme angelegt – der Rezipient wird quasi »programmiert«, soll gleichsam »durch die Hintertür« indoktriniert werden.

Nicht die Musik an sich, sondern die ihr zugeteilte Funktion und der Kontext, in dem sie wirkt, lassen sie zu einem bedeutenden Faktor in Wagners Weltanschauung gerinnen. Die Verzahnung des Erzählten mit dem psychischen Erlebnis, des objektiven Ereignisses mit seiner abstrahierten emotionalen Dimension gelingt Wagner in der Anwendung dessen, was Hans von Wolzogen später »Leitmotiv« genannt hat.

Das Leitmotiv ist ein musikalisches Element – Thema, Figur oder auch Harmonie –, das eine Gestalt, einen Gegenstand, eine Idee oder eine Empfindung symbolisiert. Sein Zweck ist aufs Dramatische ausgerichtet, denn das Leitmotiv verwandelt sich permanent mit der Veränderung des von ihm gemäß des dramatisch-epischen Ereignisses Symbolisierten. Und da die musikalisch symbolisierten Objekte handlungsbedingt gleichzeitig auftreten, sei es physisch oder assoziativ, entsteht ein reich beladenes, kontrapunktisch strukturiertes Netz von kunstvoll miteinander verwobenen Motiven. Die dramatische Vorgabe bewirkt in dieser Weise ein rein musikalisches Ergebnis, das seine Logik gleichwohl Außermusikalischem verdankt. Wagner war nicht der Erste, der Leitmotive im Sinne von szenisch begründeten wiederkehrenden Themen benutzte; man denke etwa an Mozarts »Don Giovanni«, Carl Maria von Webers »Freischütz« oder an die »Idée Fixe« in Berlioz' »Symphonie Fantastique«. Es lässt sich auch feststellen, dass das leitmotivisch wiederkehrende Thema nicht notwendig an außermusikalisch Dramatischem geknüpft ist. Viele Komponisten der romantischen Epoche verwendeten das Leitmotiv (etwa in Symphonien), um formale Werkgeschlossenheit zu erzielen. Und doch war es Wagner, der die psychische Tiefe, die das musikalische Wiederkehr-Prinzip in sich birgt, am klarsten und entschiedensten bewusst zutage förderte. Gleichwohl sei auch festgestellt: Instrumentierte man die Vokallinien in einem Werk Wagners und integrierte sie in den Orchesterpart, entstünden eindrucksvolle symphonische Sätze – wenn man will: absolute Musik. Wagner selbst hat dies vorgeführt, als er den »Walkürenritt« aus »Die Walküre« und den »Liebestod« aus »Tristan und Isolde« für Aufführungen im Konzertsaal orchestrierte.

Im Bestreben, die Empfindungen seiner Figuren so plastisch wie möglich zu gestalten und die poetisch-dramatischen Abläufe ins Musikalische zu übersetzen, sieht sich Wagner gezwungen, adäquate Ausdrucksmittel zu generieren und zu ergründen. Man kann nicht behaupten, dass er das seinen theoretischen Konzeptionen musikalisch Entsprechende vom Anbeginn seiner künstlerischen Laufbahn erreichte – er war weder ein Wunderkind wie Mozart und Mendelssohn, noch besaß er die künstlerische Frühreife eines Schubert oder Brahms. Wenn sich jedoch eine revolutionäre Wende der Musikgeschichte in einer vier Noten zählenden Harmonie manifestieren kann, hat Wagner eine solche Wende mit dem ersten Akkord seiner Oper »Tristan und Isolde« eingeläutet. Nicht von ungefähr heißt es in einer Heftbeilage der EMI-Edition von »Tristan und Isolde« aus dem Jahr 1972:

> Man kann davon ausgehen, dass kaum jemand aus dem Publikum, das am zehnten Juni [1865] im Münchner Hoftheater die festliche Premiere von »Tristan und Isolde« erlebte, sich darüber im Klaren war, der Erstaufführung eines Meilensteins der Musikgeschichte beizuwohnen. Heute gilt »Tristan und Isolde« als der anerkannte Höhepunkt romantischer Musik und gleichzeitig als das Werk, das eine neue musikalische Ära einleitete: die Atonalität des 20. Jahrhunderts.

Wagners Suche nach musikalisch kodierten verborgenen Gefühlsnuancen lässt ihn in dieser Oper zu einer präzedenzlosen Verfeinerung der tonalen Harmonie gelangen. Die Anwendung einer extremen Chromatik bei der Erschließung harmonischer Neuerungen führt ihn an den Rand autonomer Verwendung von Halbtönen, die – sechzig Jahre später – eines der Prinzipien in Arnold Schönbergs Zwölftonmusik ausmachen wird. Die Umsetzung dieser harmonischen Vielfalt ins Instrumentale bewirkte u. a. radikale Umwälzungen in der Orchestersprache, einschließlich der Einbeziehung von ungewöhnlichen Instrumenten in die Kunstmusik jener Zeit (etwa Kastagnetten in der »Venusberg-Bacchanale«) und der Entwicklung eines neuen Instruments (der nach ihrem Erfinder benannten »Wagnertuba«).

Übte das Drama bei Wagner entscheidenden Einfluss auf die Musik aus, musste es zwangsläufig den determinierenden Ausschlag bei der Entwicklung anderer Elemente des Bühnenwerks geben. »Gesamtkunstwerk« postuliert Wagner – entsprechend wird viel Arbeit in die Ausarbeitung des Bühnenbilds investiert, besondere Licht- und Nebeleffekte werden im Schauspiel eingesetzt, das Orchester versinkt unter die Bühne (von Wagner als »mystischer Graben« apostrophiert), sodass der Zuschauer eine »aus der Tiefe« steigende Musik wahrnimmt, ohne an ihrer ablenkenden Produktion optisch teilnehmen zu müssen, und eine komplexe Maschinerie wird konstruiert, um die Illusion des Schwebens zu erzeugen (»Das Rheingold«). Alle Bühnenmittel werden aktiviert, alle Sinne erregt, um die Vision des totalen Theaters effektvoll wie nur möglich zu verwirklichen. Von selbst versteht sich, dass die Theaterhäuser jener Zeit den Anforderungen solch anspruchsvoller Aufführungen nicht gewachsen waren. Wagner hegte daher schon frühzeitig die Idee eines eigenen Theatergebäudes, das für die exklusive Aufführung seiner eigenen Werke eingerichtet werden sollte. Dieses megalomanische Projekt wurde dann in der Tat unter der Schirmherrschaft

Ludwig II für die Uraufführung der Tetralogie »Der Ring des Nibelungen« im Jahr 1876 bewältigt. Schon während dieser ersten Festspiele mutierte Bayreuth zu einem »Wallfahrtsort« für die damals schon nicht kleine Gemeinde der Wagner-Gläubigen – ganz im Sinne des Tondichters, der im Gehalt seiner Werke, in ihrer grandiosen Aufführung, in seiner Kunst überhaupt eine Weltanschauung und in deren praktischer Umsetzung einen Akt der »Volkserziehung« gesehen haben wollte.

In diesem Zusammenhang seien nun die eingangs erwähnten »Meistersinger von Nürnberg« nochmals anvisiert. Wie bereits angedeutet, handelt es sich dabei um ein für Wagners Kunstdoktrinen keineswegs typisches Werk. Einige der von ihm aufgestellten Grundsätze werden wohlweislich übertreten: So ist Walthers Preislied in jeder Hinsicht eine romantische Arie, wenn auch funktionell in den dramatischen Handlungsablauf integriert; an mehreren Stellen singen die agierenden Personen gleichzeitig, und im dritten Aufzug begegnet man gar einem Gesangsquintett. Nicht von ungefähr bemerkte Paul Bekker: »Alles, was an der einst bekämpften Oper als schlecht erkannt wurde: die Chor- und Massenwirkungen, Aufzüge, Tänze, Ensemblegesänge erweist nun, auf Vortragswirkung eingestellt, die Fruchtbarkeit für die szenische Illusion.«

Dieser, wenn auch nur zeitweilige und nicht konsequent durchgehaltene ästhetische Sinneswandel in Wagners Schaffen ist insofern von Bedeutung, als er seine nun auch stilistische Wendung zum Publikum exemplifiziert, wie von Paul Bekker erhellend dargelegt:

> Wird im »Tristan«-Vorspiel eine Grundharmonie niemals erkennbar, so ruht das »Meistersinger«-Vorspiel auf klarem C-Dur. [...] Grundlegend für die »Tristan«-Musik ist die Ruhelosigkeit der Harmonik. Die »Meis-

> tersinger«-Musik fließt in breitem, auf lange Strecken im Voraus bestimmtem Harmoniezuge.

Es handelt sich gleichwohl um mehr als nur eine ästhetische Umwälzung. Das Gros des Publikums begreift vielleicht nicht die Vielschichtigkeit der Kunst, aber es ist nun mal der Rezipient (beziehungsweise Konsument), und so muss der Kontrast von Oper und Drama seine antithetische Zuspitzung verlieren:

> Er [der Kontrast] verwandelt sich aus dem ästhetischen in ein Aufführungsproblem. Drama im Sinne Wagners ist kein Gattungsbegriff mehr, es ist eine szenische Aufführungsforderung. Auch die Oper kann nun zum Drama werden durch vollendete Vortragskunst in Mimik, Gesang und szenischer Form. Vortragsvollendung also heißt die letzte Forderung, die lebendige szenische musikalische Wiedergabe ist entscheidend. Von nebengeordneter Bedeutung sind dagegen die dem Organismus des Werkes anhaftenden Kennzeichen: ob symmetrischer Periodenbau oder unendliche Melodie, ob mythischer oder geschichtlicher Stoff, ob Stabreim oder Knittelvers, ob Verwendung von Ensembles und Chören oder nicht. Die Partitur ist nichts, aber ein Marionettenspiel kann zur Welt werden.

Oder etwa die Welt zum Marionettenspiel? Darüber ist bereits im vorherigen Kapitel einiges dargelegt worden. Von Bedeutung scheint gleichwohl im hier erörterten Zusammenhang der Hinweis auf den (vielleicht vermeintlichen) Widerspruch zwischen Wagners offensichtlichem Rückgriff auf konventionelle Stilmittel und der dramatisch-ideologischen Kernaussage der »Meistersinger von Nürnberg« zu sein. Richtungsweisend sind dabei Hans Sachs' abschließende Worte am Ende der Oper:

> Ehrt eure deutschen Meister,
> dann bannt ihr gute Geister!
> Und gebt ihr ihrem Wirken Gunst,
> zerging in Dunst
> das heil'ge röm'sche Reich,
> uns bliebe gleich
> die heil'ge deutsche Kunst!

Nach dieser Deklaration gibt Wagner die Bühnenanweisungen für die um Sachs versammelte Schar: »[...] Pogner lässt sich auf die Knie vor Sachs nieder. Die Meistersinger deuten auf Sachs als auf ihr Haupt.« Der nationale Chauvinismus, von dem Sachs' gesamte Ansprache (von Wagner dem Meistersinger ideologisch in den Mund gelegt) durchweht ist, bleibe hier unerörtert. Hervorzuheben ist hingegen, dass Sachs' Proklamierung der Kunst als höchste Instanz ihm das Anrecht auf Führerschaft verleiht und sie ihm auch prompt zugesprochen wird. Was aber bedeutet diese Führerschaft, und wessen Anspruch wird hier Ausdruck gegeben? Man kann die Beantwortung dieser Frage Max Chop, einem vergessenen Wagnerianer der ersten Generation nach Wagner, überlassen, der mit Bezug auf die zentralen Gestalten der »Meistersinger«-Oper pathoserfüllt schrieb:

> Wagner selbst war der junge Ritter. Eva die Kunst, um deren Gunst er rang und die ihm starrer zünftlerischer Tabulatur-Pedantismus versagte: Im Merker Beckmesser musste sich das für ihn konzentrieren, was er all die Zeit von Publikum und Kritik, durch Hofintrige und chauvinistischen Fanatismus erlitten hatte, Hans Sachs aber verschmolz immer mehr mit den Personen seiner treuen Freunde und künstlerischen Retter: Franz Liszt und Ludwig II von Bayern. Das ist alles so natürlich, dass es keiner Erläuterung bedarf.

Unter dem hier apostrophierten »chauvinistischen Fanatismus« hat man sich wohl den Skandal der Pariser »Tannhäuser«-Aufführung vorzustellen, wohingegen mit »Hofintrige« die Umtriebe jener am Hof Ludwigs II gemeint sind, die, erschrocken über Wagners zunehmenden Einfluss auf den jungen König, seine illegitime Liebesbeziehung zu Cosima benutzten, um Ludwig zur Verbannung Wagners aus Münchens zu veranlassen. Rosig war damals Wagners Beziehung zu Liszt in persönlicher Hinsicht nicht gerade und zu Ludwig II dann auch nicht in geschäftlicher. Es stimmt zwar, dass sowohl Liszt als auch Ludwig II Wagner geholfen hatten, aber in Wagners egoistischer Selbstauffassung konnte niemand sein »künstlerischer Retter« sein: Er selbst war der Kämpfende und der sich selbst Rettende, und insofern waren beide, Walther von Stolzing und Hans Sachs, Derivate seines selbstgerechten Eigenbildes.

Wagners Bühnen- und Musikauffassungen waren zu seiner Zeit sehr umstritten und verzeichneten viele Gegner. Die Durchbrechung der traditionellen musikalischen Formen, die ungewohnte, komplexe Harmonik, seine eigenwillige Handhabung der Melodie und seine die Bühnenfunktion definierenden Prinzipien, die er in scharfer, stechender Polemik verkündete, riefen den entrüsteten Protest eines Teils des konservativen Publikums, vor allem aber den der Kritiker hervor. Wagner selbst trug mit seiner provozierenden Arroganz und Unmäßigkeit manches dazu bei, die Kritik in außermusikalische Gefilde zu lenken. In seiner 1869 erschienenen Abhandlung *Über das Dirigieren* zieht er über alle her, die nicht in Liszts Lager stehen, und spöttelt über den »heiligen Johannes«. Gemeint war der damals 36 Jahre alte, also um zwanzig Jahre jüngere Johannes Brahms, der trotz seines relativ jungen Alters als Wagners großer Gegenspieler galt. Einen bedeutenden Anteil an dieser rivalisierenden Imagepflege hatte Eduard

Hanslick, der, wie bereits erwähnt, Wagners erbitterter Gegner, zugleich aber auch Brahms' enthusiastischer Anhänger war. Dabei gab es zwischen Wagner und Brahms so gut wie keine persönliche Beziehung. Brahms soll sich nie über Wagner abfällig geäußert haben. Eine in der Zeitung erschienene missfällige Kritik über Wagner habe Brahms zu dem Ausruf verleitet: »Und für jede solche Äußerung hält man mich als den eigentlichen Urheber, und ich kenne Wagner besser als sie alle!« Das muss in gewissem Maße gestimmt haben, wenn man bedenkt, dass Brahms 1862 am Ausschreiben von Orchesterstimmen der Wagnerschen Partituren beteiligt war. Brahms hatte Respekt vor Wagner, dem Komponisten. »Aber er fand Wagners Theorien absurd, seine Argumente sophistisch, seine Methoden der Publizität und Propaganda demagogisch«, wie vom Brahms-Biografen Hans Gal angemerkt.

Wagners Verhältnis zu Brahms war nicht weniger komplex, gleichwohl deutlich überheblicher. Brahms war ihm ein Dorn im Auge, schon deshalb, weil er von Hanslick zum »Gegenpapst« erhoben wurde und Wagners eigener Absolutheitsanspruch somit gefährdet war. Wenn er 1874 zu Cosima, vermeintlich wohlwollend, sagen konnte: »Brahms komponiert, wie Bach hätte komponieren mögen«, so war er vier Jahre später um einiges aggressiver, als er die erste Symphonie von Brahms »mit ihrer Nichtigkeit in instrumentalen Effekten aufgebläht, ihrem Thema mit Tremolando, welches der Introduktion eines Strauß'schen Walzers entnommen scheint« vernichtend abfertigte. Bedeutsam ist eine frühere Bemerkung Wagners, die er machte, nachdem ihm Brahms seine »Händel-Variationen« vorgespielt hatte: »Man sieht, was sich in den alten Formen noch leisten lässt, wenn einer kommt, der versteht, sie zu behandeln.«

Neben einer gewissen Anerkennung für Brahms' kompositorisches Vermögen kommt hier vor allem Wagners abwertendes Urteil über »die alten Formen« klar zum Ausdruck. Nach seiner Auffassung hatten diese Formen ihre Daseinsberechtigung verloren, da sie zum einen die programmatisch-konkreten Botschaften nicht zu vermitteln vermöchten, zum anderen aber die dramatisch-emotionale Expressivität des Künstlers begrenzten. Schärfer akzentuiert ließe sich das wie folgt formulieren: Während die Variation in der absoluten Musik eine zwecklose Konstruktion ist, die allenfalls eine ästhetische Funktion erfüllt, dient die programmatische Verwandlung eines Leitmotivs der Symbolisierung einer außermusikalischen Wesenheit. So, will es scheinen, muss der Antagonismus zwischen Wagner und Brahms in der Sache selbst verstanden werden: Brahms konserviert die klassischen Formen, um sie mit neuen (romantischen) Inhalten zu füllen; Wagner zerschlägt die klassischen Formen, um ganz neue Gebilde zu schaffen. Brahms sucht die modifizierende Veränderung im Bestehenden, Wagner strebt nach dem Zukünftigen. Brahms befindet sich am Ende einer Tradition; Wagner steht am Beginn eines neuen Zeitalters – er ist in der Kunst ein Revolutionär.

Bemerkenswert ist die Gegenläufigkeit der Entwicklung Wagners auf verschiedenen Ebenen seines Daseins. Während er im Politischen als Revolutionär begann, um nach und nach seinen Frieden mit den bestehenden Machtverhältnissen zu schließen, dauerte es im Künstlerischen ziemlich lang, ehe er sich vom Mittelmaß seiner frühen Schaffensperiode löste, um dann aber die bestehende Welt der Oper von Grund auf zu revolutionieren. Hat das etwas mit dem »deutschen Ärgernis« zu tun? Nein, nicht direkt. Zu reflektieren wäre gleichwohl, was schon im 19. Jahrhundert artikuliert worden ist. So schrieb der Literaturhistoriker Wolfgang Menzel im Jahr 1828:

> Die Deutschen thun nicht viel, aber sie schreiben desto mehr. Wenn dereinst ein Bürger der kommenden Jahr-

> hunderte auf den gegenwärtigen Zeitpunkt der deutschen Geschichte zurückblickt, so werden ihm mehr Bücher als Menschen vorkommen. [...] Er wird sagen, wir haben geschlafen und in Büchern geträumt. [...] Das sinnige deutsche Volk liebt es zu denken und zu dichten, und zum Schreiben hat es immer Zeit.

Und schon fünfzehn Jahre zuvor, im Geburtsjahr Wagners 1813, bemerkte die scharfsichtige Madame de Staël:

> Da die ausgezeichneten Männer Deutschlands nicht in einer und derselben Stadt versammelt sind, so sehen sie sich beinahe gar nicht, und stehen nur durch ihre Schriften mit einander in Verbindung. [...] Die deutschen Schriftsteller beschäftigen sich nur mit Theorien, mit Gelehrsamkeit, mit literarischen und philosophischen Untersuchungen, und davon war für die Mächtigen dieser Welt nichts zu fürchten.

Marx hat es späterhin auf den Punkt gebracht: »Die Deutschen haben in der Politik gedacht, was die anderen Völker getan haben.« Wenn das ein pointiertes Muster des »deutschen Ärgernisses« ist – das Zurückschrecken vor der Revolution, mithin die Hochachtung vor der Obrigkeit und den Mächtigen, und die Kompensierung der Abwendung von der schlecht bestehenden Realität durch ideologisierte Hinwendung zu Geist und Kunst –, dann darf Wagners Lebenslauf und Wirken, die Gegenläufigkeit seiner verschiedenen Entwicklungen als politische Person seiner Zeit und als Künstler, als paradigmatisch hierfür angesehen werden.

Exkurs: Musikalische Gestik

Dieser Exkurs versteht sich als erweiternde Vertiefung des im vorigen Kapitel Gesagten. Einiges vom hier Aufgeführten deckt sich zwangsläufig mit bereits Dargelegtem. Der Duden definiert Geste wie folgt:

1. spontane oder bewusst eingesetzte Bewegung des Körpers, besonders der Hände und des Kopfes, die jemandes Worte begleitet oder ersetzt (und eine bestimmte innere Haltung ausdrückt)
2. Handlung oder Mitteilung, die etwas indirekt ausdrücken soll

Man kann aufgrund dieser Definition davon ausgehen, dass Gesten stets eine gewisse Information transportieren, also Inhalte mitteilen, die entweder mit Begriffen verbunden sind oder doch zumindest begrifflich sich deuten lassen. Der Kontext der Geste verleiht ihr einen sprachlich-begrifflich fassbaren Sinn. Kann es also, von dieser Grundüberlegung ausgehend, musikalische Gesten geben? Die Frage ist weniger trivial, als sie sich zunächst ausnehmen mag. Denn insofern Musik ihrem Wesen nach nichts außerhalb ihrer immanenten Ausdrucksmittel Liegendes repräsentiert, wie etwa Literatur oder bildende Kunst; wenn sie also nur das ist, als was sie sich präsentiert (ein C-Dur-Akkord ist ein C-Dur-Akkord, selbst dann, wenn er einen gewissen harmonischen Stellenwert im Verhältnis zu anderen Akkorden einnimmt), kann ihr nach oben definiertem Maß Gestik nur im übertragenen Sinn beigemessen werden.

Das 19. Jahrhundert kannte eine dieser Grundauffassung kongruente Kunstgesinnung, die sich im Begriff der »absoluten Musik« niederschlug. Mit dem dezidierten Postulat der Absolutheit von Musik wurde der Musik ihr spezifisch hoher Rang zugesprochen, und zwar gerade weil sie sich aller außermusikalischen Einflüssen und Vorgaben a priori zu entwinden trachtet, mithin sich ihren eigenen immanenten Stil- und Ausdrucksmitteln (und eben nur diesen) verpflichtet sieht. Von selbst versteht sich, dass dieser Anspruch vorzüglich in der kammermusikalischen und symphonischen Instrumentalmusik des späten 18. und folgenden 19. Jahrhunderts seine vollendete Form fand. Der allgemein hohe Rang, den Musik in der romantischen Kunsthierarchie dabei eingenommen hat, mag hier unerörtert bleiben. Man bedenke, welche Bedeutung dieser Kunstgattung in der Philosophie Schellings, Schopenhauers und Nietzsches zugeschrieben wurde, um ihre die Kunst selbst überschreitende Tragweite ermessen zu können. Hervorgehoben sei hier gleichwohl der Stellenwert, der dem musikalischen Prinzip in der romantischen Kunstvorstellung zugesprochen wurde. Michael Lingner hat ihn treffend wie folgt formuliert:

> [Das] Ideal der Frühromantik, alle Künste zu musikalisieren, wodurch das klassische Prinzip der Schönheit [...] aufgehoben worden ist, kann bezogen auf die Musik selbst schlechterdings nur durch deren Musikalisierung zur Geltung gebracht werden. Die romantische Konzeption einer Musikalisierung der Musik beinhaltet die Idee der späteren so genannten »absoluten Musik«.

Absolut ist Musik dabei, wie gesagt, weil sie als begriffslose allem Außermusikalischen gegenüber indifferent bleibt; darin – in ihrer totalen Selbstbezogenheit – erweist sich denn ihre ungetrübte Autonomie.

Demgegenüber entfaltete sich aber gerade im Zeitalter der deutschen Kunstromantik auch die dem Begriff der absoluten Musik diametral entgegengesetzte Programmmusik, welche sich zwar ebenfalls als (etwa symphonische) Instrumentalmusik begriff, dieser gleichwohl ein außermusikalisch generiertes Programm voranstellte, beziehungsweise ein solches Programm zur Anleitung des musikalischen Bewegungsverlaufs werden ließ. Was sich indes in der Programmmusik noch auf die Sphäre der Musik selbst beschränkte, sollte durch die Bekämpfung des Postulats eines Selbstzwecks von Musik durch Richard Wagners Gesamtkunstwerk-Konzept zur kulturkämpferischen Transgression des gesamten Musikmediums als solches mutieren.

Angemerkt sei vorab: Der Begriff des »Gesamtkunstwerks« ist zwar im 19. Jahrhundert entstanden, aber eine Praxis der Vermengung verschiedener Kunstgattungen gab es im Grunde, seitdem Kunst überhaupt existiert. Die überladenen Kunstfeiern des Barocks etwa näherten sich in praxi bereits weitgehend dem, was sich späterhin als ausformulierte Kunsttheorie zur revolutionären Kampfparole gerinnen sollte. Es ging aber beim Wagnerschen Gesamtkunstwerk eben auch um die ideologische Theoretisierung des Konzepts bzw. um seine Herausstellung als zukunftsweisendes Novum. Wagner berief sich dabei auf eine die Prädominanz der Musikautonomie bewusst überschreitende Grundauffassung, die eine Vorrangstellung des Dramas im Gesamtkunstwerk postulierte. So heißt es in der Schrift *Das Künstlertum der Zukunft* von 1849, die Einzelkünste könnten nichts Neues mehr erfinden, wobei Wagner weder die bildende Kunst noch den Tanz, die Instrumentalmusik oder die Dichtung davon ausnimmt: »Nun haben sie alle ihre höchste Fähigkeit entwickelt, um im Gesamtkunstwerk, im Drama, stets neu wieder erfinden zu können, das heißt aber nicht einzeln an sich allein, sondern eben nur in der Darstellung des Lebens, des immer neuen Gegenstandes.« Ein Jahr später, in *Das Kunstwerk der Zukunft*, erklärt Wagner pathoserfüllt das Drama zum »höchsten gemeinsamen Kunstwerk«, das sich dann erst erfülle, »wenn in ihm jede Kunstart in ihrer höchsten Fülle vorhanden ist«. Denn das wahre Drama sei nur »als aus dem gemeinsamen Drange aller Künste zur unmittelbarsten Mitteilung an eine gemeinsame Öffentlichkeit hervorgehend« denkbar:

> [J]ede einzelne Kunstart vermag der gemeinsamen Öffentlichkeit zum vollen Verständnisse nur durch gemeinsame Mitteilung mit den übrigen Kunstarten im Drama sich neu erschließen, denn die Absicht jeder einzelnen Kunstart wird nur im gegenseitig sich verständigenden und verständnisgebenden Zusammenwirken aller Kunstarten vollständig erreicht.

Auffällig ist schon in dieser frühen Schrift die bewusste Hinwendung zum Publikum als Kriterium für die nötige Revolutionierung der Kunst als solcher. In einem 1860 verfassten Brief an Hector Berlioz verbindet sich dieses Moment der »unmittelbarsten Mitteilung an eine gemeinsame Öffentlichkeit« mit der Rolle des altgriechischen Dramas im nämlichen Kontext. Ein ausführliches Zitat daraus lohnt sich im Hinblick auf den hier erörterten Zusammenhang:

> Ich frug mich nun weiter, welches die Stellung der Kunst zur Öffentlichkeit sein müsste, um dieser eine unentweihbare Ehrfurcht für sich einzuflößen, und, um die Lösung dieser Frage nicht ganz nur in die Luft

> zu konstruieren, nahm ich mir die Stellung zum Anhalte, die einst die Kunst zum öffentlichen Leben der Griechen einnahm. Hier traf ich denn auch sofort auf das Kunstwerk, welches allen Zeiten als das vollendetste gelten muss, nämlich das Drama, weil hierin die höchste und tiefste künstlerische Absicht sich am deutlichsten und allgemein-verständlichsten kundgeben kann. Wie wir heute noch staunen, dass einst 30 0000 Griechen mit höchster Teilnahme der Aufführung von Tragödien, wie den Äschyleischen, beiwohnen konnten, so frug ich mich auch, welches die Mittel zur Hervorbringung jener außerordentlichen Wirkungen waren, und ich erkannte, dass sie eben in der Vereinigung aller Künste zu dem einzig wahren, großen Kunstwerke lagen.

Dies, meint Wagner, habe ihn auf die Untersuchung »des Verhaltens der einzelnen Künste zueinander« gebracht.

Wagners auf die »Stellung der Kunst zur Öffentlichkeit« zielenden Aussagen erweisen sich als eine (freilich nicht als solche formulierte) Attacke auf die in der Werkimmanenz sich manifestierende Kunstautonomie. Schon in ihnen begreift sich Kunst zwar als ein Hehres, dem gegenüber es eine »unentweihbare Ehrfurcht« einzuflößen gilt, zugleich aber auch als »Mittel« zur Hervorbringung »von Wirkungen«, mithin als Medium zur Erzielung von ästhetischer Wirkung, von der aber (zumindest tendenziell) ein Moment von Heteronomem, welches die Wirkung von der Rezeptionsbereitschaft des Publikums abhängig macht, nicht ausgenommen werden kann. Zu fragen bleibt allerdings, wogegen sich das Gesamtkunstwerk – von Wagner als »einzig wahres, großes« apostrophiert – richten sollte und was genau es zu bekämpfen galt.

Bei allem pathosdurchwehten Sendungsbewusstsein und trotz aggressivster Emphase unterschätzt Wagner keinesfalls, was er zu revolutionieren gedenkt, sondern ist ganz im Gegenteil voller verehrender Anerkennung für die folgerichtige Entwicklung der absoluten Musik bis hin zu ihrer prägnantesten Form, der Symphonie, und erklärt Beethovens »Neunte« zum unübertroffenen Höhepunkt dieser Entwicklung. Gleichwohl ist für ihn mit dieser künstlerischen Errungenschaft der Scheitelpunkt überschritten worden, an welchem kein »Fortschritt« mehr möglich sei. Entsprechend stellt sich ihm das Chor-Finale der »Neunten« als eine »Erlösung« des Tons durch das Wort dar. In *Das Kunstwerk der Zukunft*« heißt es:

> Die letzte Symphonie Beethovens ist die Erlösung der Musik aus ihrem eigensten Elemente heraus zur allgemeinsten Kunst. Sie ist das menschliche Evangelium der Kunst der Zukunft. Auf sie ist kein Fortschritt möglich, denn auf sie unmittelbar kann nur das vollendete Kunstwerk der Zukunft, das allgemeine Drama, folgen, zu dem Beethoven uns den künstlerischen Schlüssel geschmiedet hat. So hat die Musik aus sich vollbracht, was keine die anderen geschiedenen Künste vermochte.

Das Gesamtkunstwerk wird als Notwendigkeit dargestellt: Ist schon die schlechthin autonome Kunst – die absolute Musik – in eine Sackgasse geraten, die ihre »Erlösung« durch ein ihr fremdes Medium erfordert, so gilt dies umso mehr für Kunstgattungen, die nie vollkommen autonom waren. Um dieser Sackgasse zu entgehen, müsse die Oper revolutioniert werden. Wagner benennt diese Kunstgattung nunmehr in »Musikdrama« beziehungsweise »Tondrama« um. Es geht dabei freilich um mehr als nur semantische Spielereien. Wagner ist es um die Schaffung einer neuen Opernform zu tun, bei der die Musik dem Drama unterstellt sein, mithin keine eigenständigen Formen hervorbringen soll. Entsprechend hebt er die der traditionellen Oper aneignende Unterteilung in »Nummern« sowie die kategoriale Unterscheidung von Rezitativ und Arie auf, ein waghalsiges Unterfangen, das sich nur dank der Entwicklung der Leitmotiv-Technik und entsprechender Transformation der althergebrachten Orchesterfunktion in allen Werkteilen ermöglicht. Der (von ihm selbst freilich nur begrenzt umgesetzten) Forderung, der gesungene Text müsse stets klar und deutlich vernehmbar sein, leistet er Folge, indem er möglichst Bühnenkonstellationen vermeidet, die allzu großes Stimmgewirr verursachen und Chöre erfordern. Die formalen Rückstände »absoluter Musik« werden weitgehend handlungsdramatischen Inhalten subsumiert.

Bei dem angestrebten Gesamtkunstwerk fungiert der Komponist zugleich auch als Dichter, Spielleiter und Kulissendesigner, möglichst auch als Theaterdirektor. Viel schöpferische Energie wird denn in die Bühnenausstattung investiert, Effekte von Licht und Bühnennebel in die Handlung integriert, das Orchester unter die Bühne versetzt, selbst komplexe Apparaturen für erforderliche Schwebe-Illusionen (etwa im Fall der unbeschwert umherschwimmenden Rheintöchter) konstruiert. Alle Register der Bühnenmanipulation werden gezogen, alle Sinne gereizt, sämtliche Wahrnehmungsebenen stimuliert, um die suggestivste Schau eines totalen Theaters auf die Bühne zu zaubern. Und da die Theater seiner Zeit solchen Herausforderungen nicht gewachsen waren, beginnt Wagner schon früh die Idee eines eigenen, der Aufführung seiner Monumentalwerke exklusiv gewidmeten Theaters zu verfolgen. Im Jahre 1876 wird das Festspielhaus in Bayreuth mit der Aufführung der vollen »Ring«-Tetralogie eingeweiht.

Bei alledem fällt ein Zentralmoment mit weit über die rein ästhetischen Gesichtspunkte des Gesamtkunstwerk-

Konzepts hinausreichenden Auswirkungen auf: Abgesehen von der bewusst angelegten Überschreitung der Grenzen einzelner autonomer Kunstgattungen und dem Problem ihrer Vermengung zu einem einheitlichen Ganzen, erweist sich, dass Wagners künstlerische Vision auf Publikumswirksamkeit ausgerichtet ist. Wagner erklärt die Rezeption des Werks durchs Publikum unzweideutig zum prononciert bestimmenden Faktor seiner künstlerischen Erwägungen. Paul Bekker hat dies frühzeitig erkannt. Im Hinblick auf den immanenten Kontrast von Oper und Drama verwies er darauf, dass sich dieses an sich ästhetische Problem bei Wagner endgültig in ein »Aufführungsproblem« verwandelt habe:

> Drama im Sinne Wagners ist kein Gattungsbegriff mehr, es ist eine szenische Aufführungsforderung. Auch die Oper kann nun zum Drama werden durch vollendete Vortragskunst in Mimik, Gesang und szenischer Form. Vortragsvollendung also heißt die letzte Forderung, die lebendige szenische musikalische Wiedergabe ist entscheidend. Von nebengeordneter Bedeutung sind dagegen die dem Organismus des Werkes anhaftenden Kennzeichen: ob symmetrischer Periodenbau oder unendliche Melodie, ob mythischer oder geschichtlicher Stoff, ob Stabreim oder Knittelvers, ob Verwendung von Ensembles und Chören oder nicht. Die Partitur ist nichts, aber ein Marionettenspiel kann zur Welt werden.

Die ideologisch geladene Entgegensetzung von Werkstruktur und gleichsam »eigenwilliger« Werkwahrnehmung und -rezeption – Gegenstand erregter Debatten und Polemiken der Kunstphilosophie und -soziologie im 20. Jahrhundert – erscheint bereits hier in voller Gewichtigkeit: Die im Subjekt »verortete« Rezeption des Werkes gilt nunmehr als Träger von Affekten, Emotionen und Bedeutungen, nicht mehr wie in der kunstautonomen Primatvorstellung des Kunstwerks als Objekt.

Kehren wir nun zur musikalischen Gestik zurück. Aus dem oben Dargestellten erhellt, dass musikalische Gesten stets kontextgebunden sind, mithin einem heteronomen Moment von Musik sich verschwistert wissen. Denn wenn Musik als Selbstzweck sich als musikautonomes Werkmaterial manifestiert, kann, wie bereits erwähnt, das Attribut der Geste der Musik nur im metaphorisch-analogisierenden Sinn beigemessen werden. So erweist sich das grandiose C-Dur in der Ouvertüre zu Haydns »Die Schöpfung« nur dadurch als Geste, dass es – sprachlich-erzählerisch angezeigt – als plastische Darstellung der Lichtwerdung in Gottes Schöpfungsakt auftritt; das Wissen darum, was dargestellt werden soll, zeitigt den überwältigenden Effekt, der sich seinerzeit als Geste ausdeutet. Hinzu kommt allerdings ein musikimmanenter Kontext: Nicht von ungefähr gab Haydn der Ouvertüre seines Oratoriums den Titel »Die Vorstellung des Chaos« und nicht schlicht »Das Chaos«. Denn wie hätte man sich eine Vermittlung des schlechthin Ungeordneten, mithin dem ästhetischen Prinzip der Materialanordnung von Grund auf Entgegengesetzten, vorzustellen – in einem Werk, das sich dem klassischen Ideal der Musikkomposition verpflichtet weiß, zumal? Haydns Lösung ist im hier erörterten Zusammenhang bemerkenswert. Als Chaos wird nicht das dargestellt, was der musikalischen Form und der ihr zugrunde liegenden Tonsprache entbehrt, sondern eine Entstellung und Verschleierung dessen, was sich sehr wohl der musikalischen Konvention verschwistert weiß und sich alsbald als eine bereits im Ungeordneten angelegte Fundamentalordnung entpuppt: Kraft einer kunstvollen Verdeckung des tonalen Zentrums in einem durch und durch tonal ausgerichteten Musikstück, durch die hinhaltende Verzögerung der konventionell erwarteten Kadenz zur Grundtonart, entsteht das Gefühl einer sinnlich erfahrenen Unbestimmtheit, die sich für Haydns musikalisch gebildeten Zeitgenossen als chaotisch ausnehmen musste, womit denn besagtes C-Dur der Lichtschöpfung Gottes – als endlich hergestellte musikalische Ordnung – den musikpsychischen Stellenwert einer »Erlösung« vom Ungeordneten durch Ordnung erhält.

Wagner bedarf solcher »Tricks« nicht mehr. Der bewusst gesetzte intermediale Kontext ist ja Grundpostulat seines Gesamtkunstwerk-Konzepts. Musik gilt ihm nicht mehr als gattungsimmanent, sondern als rekrutierbarer Zusatz zur Vollendung einer durch und durch auf Publikumswirksamkeit ausgerichteten Dramenlogik, deren Gestisches sich auch im Musikalischen aus ebendieser Logik ableitet. Nirgends wird dies deutlicher als in der zur wahrhaften Meisterschaft entwickelten Leitmotiv-Technik. Denn während sich die Variationsabfolge im »Thema und Variationen«-Genre der absoluten Musik ausschließlich musikimmanenten Impulsen und rein musiklogischen Vorgaben der Materialanordnung verdankt, ist das variierende Prinzip der Leitmotiv-Technik ganz und gar dem außermusikalisch entstandenen Kontext des Dramas unterworfen. Debussy mag Wagners Leitmotive noch so bissig als »Visitenkarten« verspottet haben, es entging ihm offenbar, dass Wagner in ihnen eine gerade aus dem dramaturgischen Kontext erwachsene musikalische Gestik zu konstruieren trachtete, eine solche, die nicht zuletzt das zu leisten hat, was die physische Geste (nach Maßgabe der oben zitierten Duden-Definition) immer schon zustande bringt: eine »spontane oder bewusst eingesetzte Bewegung des Körpers, besonders der Hände und des Kopfes, die jemandes Worte begleitet oder ersetzt (und eine bestimmte innere Haltung ausdrückt)«.

Man nehme etwa die Schlussszene der »Walküre«. Nahezu alles in ihr ist der von der Dramensituation bestimmten musikalischen Gestik unterworfen: Die Szene insgesamt ist von einem ostinaten (also sich wiederholenden) Liebes- und Abschiedsmotiv untermalt. Der Abschiedsgesang Wotans wird orchestral wiederholt, während der Göttervater seine geliebte Tochter, die er in den Schlaf versetzt hat, nachgerade inzüchtig verabschiedet, wobei er ihr das Walkürenattribut des Helms mit in den ewigen Schlaf gibt (in anderen Inszenierungen wird auch ihr Schild beigefügt). Für das Sinken in den Schlaf gibt es ein absteigendes Motiv; ein anderes für den Speer, den Wotan benutzt, um Loge anzurufen, so auch für Loge selbst (der nicht in Erscheinung tritt, während sein Motiv erklingt); für den als solchen berühmt gewordenen »Feuerzauber« hat Wagner ein die gesamte Endsequenz durchziehendes Thema geschaffen. Während es nun in brillantem orchestralen Klang ertönt, verkündet Wotan, dass der Feuerring von niemandem durchschritten werden kann, der seine Speerspitze fürchtet; er bedient sich dabei des Siegfried-Motivs, welches dann eindrucksvoll von den Blechbläsern des Orchesters wiederholt wird – Siegfried ist aber noch gar nicht geboren worden, er wird erst in der kommenden Oper der Tetralogie in Erscheinung treten. Und während das Feuer weiter lodert, erklingen erneut die Liebes- und Abschiedsmotive sowie abschließend das dem Zuschauer ebenso bereits bekannte Schicksalsmotiv. Was dabei entsteht, ist eine meisterhaft gesetzte kontrapunktische Polyphonie, die aber nicht als eine für sich stehende musikautonome Aussage verstanden werden will, sondern als musikalische Gestik, die sich ganz und gar aus dem dramatischen Kontext des Epos speist. Für sich genommen, ergeben die einzelnen Bestandteile dieses grandiosen Wirkzusammenhangs keinen kohärenten Sinn. Bezeichnend ist zudem, dass dies Gestische (»Visitenkarte« oder doch eher musikpsychische Perzeptionsstütze) nicht nur in der aktuell dramatischen, sondern auch in der epischen Strukturlogik des

Werks eingesetzt wird: Nicht nur werden unterschiedliche Momente der Vergangenheit szenisch-musikalisch heraufbeschworen und in Erinnerung gerufen, sondern die musikalische Geste vermag auch auf Zukünftiges zu verweisen, gleichsam als eine vorgezogene Erinnerung, etwa beim Erklingen des Siegfried-Motivs, bevor der Held überhaupt in die Realität des Dramas eingetreten ist.

Wagners Schrift *Oper und Drama* enthält eine bissige (von Antisemitismus wohl nicht ganz freie) Attacke gegen den jüdisch-französischen Komponisten Giacomo Meyerbeer. »Das Geheimnis der Meyerbeerschen Opernmusik ist – der Effekt«, schreibt Wagner und weist darauf hin, dass man unter Effekt gebräuchlicherweise »Wirkung« zu verstehen habe, welche ihrerseits stets mit einer vorangehenden »Ursache« zusammenhänge. Einen solchen Zusammenhang (von Ursache und Wirkung) stellt er im Fall der Musik von Meyerbeer in Abrede, und um deren Wirkung auf den ihr geneigten Hörer zu ergründen, bietet er eine Definition von Effekt an, namentlich die von »Wirkung ohne Ursache«, um dann zu folgern: »In der Tat bringt die Meyerbeersche Musik auf diejenigen, die sich an ihr zu erbauen vermögen, eine Wirkung ohne Ursache hervor.« Dass diese Polemik einen Wahrheitskern enthalten mag, bleibe hier unerörtert. Hervorgehoben sei hingegen, dass jede Polemik »nach hinten losgehen« kann. Wagners Gegner haben ja nicht selten von seiner Musikkunst als hohles »Blendwerk«, mithin von ihrem »Fetischcharakter« gesprochen, sie also genau dessen bezichtigt, was er selbst Meyerbeer vorwerfen zu sollen meinte – effekthascherisch zu sein und viel (freilich beeindruckende) »Wirkung ohne Ursache« zu produzieren. Unter seinen schärfsten Kritikern wäre in diesem Kontext kein anderer als Nietzsche zu nennen, der hier mit einem ausführlichen Zitat repräsentiert sei, weil er, wie es scheint, einen Aspekt der Wagnerschen Kunst anspricht, der im hier erörterten Zusammenhang höchste Relevanz beanspruchen darf:

> Wagner war nicht Musiker von Instinkt. Dies bewies er damit, dass er alle Gesetzlichkeit und, bestimmter geredet, allen Stil in der Musik preisgab, um aus ihr zu machen, was er nöthig hatte, eine Theater-Rhetorik, ein Mittel des Ausdrucks, der Gebärden-Verstärkung, der Suggestion, des Psychologisch-Pittoresken. Wagner dürfte uns hier als Erfinder und Neuerer ersten Ranges gelten – er hat das Sprachvermögen der Musik ins Unermessliche vermehrt –: er ist der Victor Hugo der Musik als Sprache. Immer vorausgesetzt, dass man zuerst gelten lässt, Musik dürfe unter Umständen nicht Musik, sondern Sprache, sondern Werkzeug, sondern ancilla dramaturgica sein. Wagners Musik, nicht vom Theater-Geschmacke, einem sehr toleranten Geschmacke, in Schutz genommen, ist einfach schlechte Musik, die schlechteste überhaupt, die vielleicht gemacht worden ist. Wenn ein Musiker nicht mehr bis drei zählen kann, wird er »dramatisch«, wird er »Wagnerisch«...

Nietzsche benennt hier das Problem in schonungsloser Resolutheit, konditioniert allerdings sein Urteil: Wenn man Wagner nach Maßgabe des »Musikers von Instinkt«, mithin des absoluten Musikers, beurteilt, ist seine Musik eine schlechte, »die schlechteste überhaupt«, wie Nietzsche überzogen scharf meint. Was nun aber, wenn Wagner von sich aus gar nicht mehr in Kategorien der absoluten Musik zu schaffen trachtete, vielmehr sich von dieser dezidiert verabschiedete, Musik also nicht mehr für einen Selbstzweck, sondern lediglich für ein Mittel zum Zweck erachtete? In diesem Fall wird man sein Werk zwangsläufig nach Maßgabe des Musikheteronomen beurteilen müssen, namentlich als »eine Theater-Rhetorik, ein Mittel des

Ausdrucks, der Gebärden-Verstärkung, der Suggestion, des Psychologisch-Pittoresken«. Und es ist dieser genuine Zusammenhang, in dem sich das Wesen des musikalisch Gestischen erst eigentlich offenbart. Denn dort, wo Musik zum Mittel einer »Gebärden-Verstärkung« mutiert, verleiht ihr die sich ihrer bedienende Gebärde ihr Gestisches – als außermusikalische Umfunktionierung von Musik. Dass ihre immanente Gesetzlichkeit dabei preisgegeben wird, ist keine Beiläufigkeit, sondern gesetztes Ziel. Man mag das lieben oder ablehnen, aber gerade darin, dass uns Wagner hier als »Erfinder und Neuerer ersten Ranges gelten« dürfte, ist eine Dimension angezeigt, der wir uns kulturhistorisch nicht mehr entziehen können: Musik als Geste erhält nach Wagner ihre gewichtige Bedeutung. Dass sie das Ideal dieser Bedeutung dann im 20. Jahrhundert möglicherweise in Hollywood am eindrücklichsten verwirklichte, dürfte Nietzsche noch im Nachhinein recht geben – vielleicht auch ein damit einhergehendes Nasenrümpfen legitimieren. Ignorieren wird man diese Neuerung kaum je wieder können.

Wagners Antisemitismus

Neben Wagners politischer Entwicklung und künstlerischem Werdegang muss eine weitere Dimension seiner historischen Person in ihrer Rolle als Paradigma des »deutschen Ärgernisses« dargelegt und erörtert werden: sein Antisemitismus. Man geht nicht fehl in der Behauptung, dass – psychisch und ideologisch betrachtet – der Judenhass die markanteste Obsession seines Lebens war. Seine Schriften (Aufsätze, Tagebücher und die Autobiografie) strotzen vor offenem Antisemitismus. Die berühmteste unter ihnen ist die 1850 unter dem Pseudonym Karl Freigedank erschienene und neunzehn Jahre später, diesmal unter Wagners Namen, neu aufgelegte Schrift *Das Judenthum in der Musik*. Hierbei werde es nicht darauf ankommen, »etwas Neues zu sagen«, schickt Wagner voraus, es werde vielmehr darum gehen, »die unbewusste Empfindung, die sich im Volke als innerlichste Abneigung gegen jüdisches Wesen kundgibt, zu erklären, somit etwas wirklich Vorhandenes deutlich auszusprechen.« Wagner weiß freilich, dass man vor nicht allzu langer Zeit noch um die bürgerliche Emanzipation der Juden gestritten hat. So sieht er sich genötigt, eine klärende Apologie voranzuschicken: »Als wir für Emanzipation der Juden stritten, waren wir aber doch eigentlich mehr Kämpfer für ein abstraktes Prinzip als für den konkreten Fall.« Der ehemals begeisterte Revolutionär sieht sich genötigt, dies zu erläutern:

> [W]ie all' unser Liberalismus ein nicht sehr hellsehendes Geistesspiel war, indem wir für die Freiheit des Volkes uns ergingen, ohne Kenntnis dieses Volkes, ja mit Abneigung gegen jede wirkliche Berührung mit ihm, so entsprang auch unser Eifer für die Gleichberechtigung der Juden viel mehr aus der Anregung eines allgemeinen Gedankens, als aus einer realen Sympathie; denn bei dem Reden und Schreiben für Judenemanzipation fühlten wir uns bei wirklicher, tätiger Berührung mit Juden von diesen stets unwillkürlich abgestoßen.

Hier trifft man auf das Anliegen, um welches es Wagner nach eigenem Bekunden im Wesentlichen geht:

> Wir haben uns das unwillkürlich Abstoßende, welches die Persönlichkeit und das Wesen der Juden für uns hat, zu erklären, um diese instinktmäßige Abneigung zu rechtfertigen, von welcher wir doch erkennen, dass sie stärker und überwiegender ist, als unser bewusster Eifer, dieser Abneigung uns zu entledigen.

Zweierlei will Wagner in diesem Zusammenhang: Er möchte den liberal denkenden Unwissenden wissen lassen, dass dem Kampf um Judenemanzipation, dem er möglicherweise aus weltanschaulichen Beweggründen anhängt, ein eigentliches Missverständnis zugrunde liege: Der Jude ist nicht jenes abstrakte Wesen, das bürgerliche Emanzipation beanspruchen könnte; er ist im Konkreten etwas ganz anderes. Darüber hinaus möchte er ihn aber auch davon überzeugen, dass er sich solcher Erkenntnis gar nicht erst aus verlogenem Skrupel zu schämen brauche. So betont er denn ausdrücklich: »Noch jetzt belügen wir uns in dieser Beziehung nur absichtlich, wenn wir es für verpönt und unsittlich halten zu müssen glauben, unseren natürlichen Widerwillen gegen jüdisches Wesen öffentlich kundzugeben.« Erst in neuester Zeit scheine man zu der Einsicht zu gelangen, dass es halt doch vernünftiger sei, sich von dem Zwange jener Selbsttäuschung freizumachen, »um dafür ganz nüchtern den Gegenstand unserer gewaltsamen Sympathie zu betrachten und unseren, trotz aller liberalen Vorspiegelungen bestehenden, Widerwillen gegen ihn uns zum Verständnis zu bringen« – und zu akzeptieren, müsste man wohl noch hinzufügen.

Was ist es nun, das diesen unüberwindbaren Widerwillen Wagners – des »Volkes« überhaupt, wie er behauptet – hervorruft? Zunächst mal seine äußere Erscheinung. Der Jude, so erfährt der Leser,

> [...] fällt uns im gemeinen Leben zunächst durch seine äußere Erscheinung auf, die, gleichviel welcher europäischen Nationalität wir angehören, etwas dieser Nationalität unangenehm Fremdartiges hat: Wir wünschen unwillkürlich mit einem so aussehenden Menschen nichts gemein zu haben.

Sodann die Sprache: Der Jude spreche zwar die Sprache der jeweiligen Nation, »unter welcher er von Geschlecht zu Geschlecht lebt, aber er spricht sie immer als Ausländer«; besonders widerlich mute dabei die »rein sinnliche Kundgebung der jüdischen Sprache« an. Von der Sprache ist es dann nur ein kleiner Schritt zum Gesang, in welchem »uns« der Jude »geradewegs unausstehlich« werde; und vom Gesang, jener »in höchster Leidenschaft erregten Rede«, nur noch ein Katzensprung zur generalisierenden Feststellung, der Jude sei an sich unfähig, »weder durch seine äußere Erscheinung, noch durch seine Sprache, am allerwenigsten aber durch seinen Gesang, sich uns künstlerisch kundzugeben«.

In diesem Zusammenhang kommt nun Wagner auf den jüdischen Einfluss – primär den Mendelssohns und Meyerbeers – auf die deutsche Musik seit Beethoven zu sprechen. Dieser Einfluss habe den guten Geschmack verdorben und die deutsche Musik in die Dekadenz getrieben. Das konnte geschehen, weil das Judentum, obgleich es ein »zersetzendes fremdes Element« darstellt und »das üble Gewissen unserer Zivilisation« sei, in Deutschland Wurzeln zu fassen vermochte, und zwar vor allem unter Ausnutzung der Schwäche und Missständigkeit der deutschen Wirklichkeit. Der jüdische Künstler sei deshalb minderwertig, weil er einem minderwertigen Kollektiv angehöre, daher auch unfähig zu einer wahren eigenständigen Produktivität. So beispielsweise Mendelssohn:

> Dieser hat uns gezeigt, dass ein Jude von reichster spezifischer Talentfülle sein, die feinste und mannigfaltigste Bildung, das gesteigertste, zartempfindende Ehrgefühl besitzen kann, ohne durch die Hilfe aller dieser Vorzüge es je ermöglichen zu können, auch nur ein einziges Mal die tiefe, Herz und Seele ergreifende Wirkung auf uns hervorzubringen, welche wir von der Kunst erwarten, weil wir sie dessen fähig wissen, weil wir diese Wirkung zahllos oft empfunden haben, sobald ein Heros unserer Kunst, so zu sagen, nur den Mund auftat, um zu uns zu sprechen.

Von selbst versteht sich, dass auch der zentrale Topos des Antisemitismus im 19. Jahrhundert angerissen wird. Der Jude, dem »Geldgewinn ohne eigentliche Arbeit«, dem »Wucher« also, verhaftet, ist kein Verfolgter mehr, bedarf mithin nicht mehr der Emanzipation; er wandelt sich vielmehr zum eigentlichen Herrn bestehender Zustände: »Er herrscht und wird so lange herrschen, als das Geld die Macht bleibt, vor welcher all' unser Tun und Treiben seine Kraft verliert.« Und dennoch möchte Wagner den Juden emanzipieren – »erlösen« heißt es bei ihm –, und so verheißt er den Juden mit Emphase: »Nehmt rücksichtslos an diesem, durch Selbstvernichtung wiedergebärenden Erlösungswerke teil, so sind wir einig und ununterschieden! Aber bedenkt, dass nur Eines eure Erlösung von dem auf euch lastenden Fluche sein kann: die Erlösung Ahasvers, – der Untergang!« Wie sich ein solcher erlösender Untergang ausnehmen mag, wird nicht weiter erläutert; man ahnt gleichwohl einiges, wenn Wagner etwa zwanzig Jahre später – sich der Selbsterkenntnis verschreibend – einen neuen Begriff einbringt und auf »Rassen-Konsistenz« zu sprechen kommt: Der Jude sei das »erstaunlichste Beispiel von Rassen-Konsistenz, welches die Weltgeschichte noch je geliefert hat«, stellt er fest und führt aus:

> Ohne Vaterland, ohne Muttersprache, wird er, durch aller Völker Länder und Sprachen hindurch, vermöge des sicheren Instinktes seiner absoluten und unverwischbaren Eigenartigkeit zum unfehlbaren Sich-immer- wiederfinden hingeführt: selbst die Vermischung schadet ihm nicht; er vermische sich männlich oder weiblich mit den ihm fremdartigsten Rassen, immer kommt ein Jude wieder zu Tage.

Rassenantisemitismus also? Gar nazistische Rassenideologie? Darauf soll noch eingegangen werden. Erwähnt sei aber zuvor, dass Wagner im konkreten Umgang mit Juden alles andere als konsequent war, schon gar nicht, wenn es um finanzielle Dinge ging. Trotz Meyerbeers Verfemung in *Das Judenthum in der Musik* gestand er ein, dass ihm der jüdische Komponist in seiner Jugend materiell unter die Arme gegriffen hatte; trotz seines Abscheus vor dem »jüdischen Geldgewinn« und dem »Wucher« sah er nicht von Geldspenden durch Juden für die Errichtung des Theatergebäudes in Bayreuth ab; ein Geschenk von 40 000 Talern, das er 1865 von König Ludwig II erhielt, sollte – so Wagner an Röckel – ein Bankier übernehmen, »der es nutzbringend und zu einem guten Zinsfuß für ihn anlegen würde«. Wagner hatte dann nichts dagegen, als Röckel den jüdischen Bankier Hohenemser für diese Aufgabe rekrutierte. Er weigerte sich zwar zunächst, Hermann Levi als Dirigenten der Uraufführung des »Parsifal« (1882) zu akzeptieren, gab aber dennoch nach, als aus dem Vorschlag ein Ultimatum wurde. Besonders frappierend erscheint Wagners emotionales Verhältnis zum jungen russischen Pianisten Joseph Rubinstein, der oft als Hauspianist bei ihm zu Gast war. Er war Wagner sklavisch ergeben und dessen Urteilen über das Judentum vollkommen ausgeliefert. Anderthalb Jahre nach Wagners Tod im Jahre 1883 nahm sich Rubinstein das Leben. Bemerkenswert ist, dass Wagner sich, wie es scheint, ernsthafte Sorgen um diesen unglücklichen jungen Juden machte und in diesem Sinne sogar an dessen Vater in St. Petersburg schrieb.

Wagners Antisemitismus trug, so besehen, abstrakten, eines konkreten Objekts entbehrenden Charakter. Es ging ihm nicht um diesen oder jenen Juden, sondern um das Judentum, um das »Jüdische« schlechthin. Im konkreten Fall war er bereit, sich mit einer in geistig-psychischer Selbstaufgabe, gegebenenfalls im Tod mündenden Ergebenheit zu »begnügen«. Rubinsteins Suizid war der typische Wagner-Tod, der eines sich selbsterniedrigenden, »seiner Rasse sich schämenden« Juden, der im Tod die Erlösung sucht, ganz im Sinne der Wagnerschen Empfehlung – »die Erlösung Ahasvers«, Erlösung durch Selbstaufgabe. Wagners Forderung und Rubinsteins Bereitschaft, sie zu erfüllen, bildeten die Einheit einer Komplementärpathologie, die »Vergötzung des Henkers durch den Henker selbst oder Verherrlichung des Henkers durch sein Opfer«, wie es Joseph Wulf beschrieben hat. Will man jedoch der psychologisierenden Erklärung eine ideelle zur

Seite stellen, wäre die Quelle für Wagners Begriff der Erlösung und seinen Hang zur Selbstaufgabe oder gar zur Selbstvernichtung in Schopenhauers Philosophie zu suchen. Darüber mehr in einem späteren Kapitel.

Kehren wir nun zur Frage der »Rasse« in Wagners Antisemitismus zurück. Was die Juden selbst anbelangt, sei vorausgeschickt, dass gerade ihr Eingang in die westliche Moderne ein fatales Paradoxon generierte. Denn der emanzipatorische Wandel im europäischen jüdischen Leben brachte ein neues Problem mit sich: die sogenannte »jüdische Frage« beziehungsweise das »jüdische Problem«. Klargestellt sei allerdings, dass, was immer es für innerjüdische Probleme im historischen Übergang von der traditionellen Gemeinschaft zur modernen Gesellschaft geben mochte, die »jüdische Frage« kein von den Juden selbst formuliertes, sondern ein von Nichtjuden an die Juden herangetragenes »Problem« war. Galten nämlich die Juden schon aus religiösen Gründen als Fremde im hegemonial christlichen Umfeld, so schärfte sich nunmehr die Frage ihrer Zugehörigkeit gerade an den säkularen Kategorien der bürgerlichen Gesellschaft. Was waren sie? Eine Religion? Dann waren sie nicht nur dem Christentum fremd, sondern auch dem modernen (nationalstaatlichen) Gedanken der Trennung von Staat und Kirche. Ein Volk? Dann waren sie ja ein Fremdkörper im »Volkskörper« ihrer Wirtsgesellschaften. Oder gar eine eigenständige Nation? Was für ein Verhältnis unterhielten sie dann den Nationen gegenüber, die sich infolge der politischen Emanzipationsprozesse in ihren Residenzländern als solche revolutionär konstituierten? Was denen, die den Juden mit derlei Misstrauen begegneten, nicht vertraut gewesen sein mochte, war der Umstand, dass – von der theologischen Doktrin eines Bundes des auserwählten Volkes mit Gott ausgehend – die Kategorien Religion, Volk und Nation dem orthodoxen Judentum als nicht voneinander trennbar galten. Es handelte sich um eine archaische Einheitsvorstellung, die den modernen westlichen Begriffen des Volkes und der Nation als neue politische Entitäten und der Religion als einer von ihnen zu lösenden Kategorie im Wesen fremd sein musste.

Verstärkt wurde dieses ressentimentgeladene Misstrauen durch die Heraufkunft des in der zweiten Hälfte des 19. Jahrhunderts sich zunehmend ausreifenden modernen Antisemitismus. Dieser ist vom primär religiös begründeten, traditionellen Judenhass kategorial zu unterscheiden. Denn bezog sich der alte Judenhass auf Vorstellungen von den Juden als »Gottesmörder« und orthodoxe Widersacher der christlichen Theologie, so bewegte sich der moderne, mithin säkularisierte Antisemitismus eher im sozial-ökonomischen Bereich und hatte viel mehr mit den neuen Exklusionsmechanismen des nationalen Chauvinismus und den Entfremdungsmustern der bürgerlichen Gesellschaft zu tun als mit der Religion als Gesinnungsargument per se. Im Großen und Ganzen lassen sich drei zentrale, im jüdischen Diskurs des 19. Jahrhunderts erörterte Strategien zur Bewältigung des »jüdischen Problems« aufweisen. Erstens – die der Assimilation oder der Akkulturation. Das Postulat der Assimilation basierte auf der Grundannahme, dass eine gelungene Integration, welche eine Modifikation der sich der nichtjüdischen Welt verschließenden Identität zur Voraussetzung hatte, die Lösung des sozialen Ausgrenzungsproblems der Juden bieten könnte. Man redete demzufolge einer bewussten Anpassung jüdischer Lebenswelten ans Außerjüdische der modernen Welt das Wort. Zweitens – die Strategie des Sozialismus. Die diesem Postulat zugrunde liegende Annahme ging davon aus, dass die Lösung der »jüdischen Frage« nicht gesondert, sondern im Rahmen einer allgemeinen gesellschaftlichen Emanzipation des Menschen zu verfolgen sei. Marx' 1844 publizierte Schrift *Zur Judenfrage* darf als paradigmatischer Text dieser Ausrichtung gelten. Nicht von ungefähr schlossen sich viele Juden sozialistischen Bewegungen an, fungierten mithin als Revolutionsführer. Drittens – die Strategie des Zionismus. Diese basierte auf der Grundüberzeugung, dass das Problem der diasporisch lebenden Juden angesichts des sich politisch und sozial verschärfenden Antisemitismus einzig im Rahmen einer eigenen nationalen Heimstätte zu lösen sei. Selbst ein sozialistisch ausgerichteter Denker vom Schlage eines Moses Hess propagierte mit merklicher Emphase den politischen Zionismus.

Wagners Antisemitismus bezog sich auf die assimilierten und akkulturierten Juden. Nicht von ungefähr wählte er sich gerade Mendelssohn zum Objekt seiner aggressiven Polemik – galt dieser doch (und eigentlich schon sein Großvater Moses Mendelssohn) als Musterbeispiel gelungener Akkulturation, wie von Wagner selbst, wenngleich in demagogischer Absicht, hervorgehoben. Wagner hatte keine Berührung mit dem osteuropäischen Schtetl-Judentum, dessen Erscheinung ihm lediglich als klischiertes Stereotyp vermittelt war, welches er in seinen pseudo-intellektuellen antisemitischen Tiraden einsetzte. Vom Zionismus wusste er zu seiner Zeit ohnehin noch nichts. Und dem Sozialismus, den er nur in seiner embryonalen theoretischen Form kannte, hatte er schon längst abgeschworen. Mit einem Marx hatte er nichts im Sinne; Heines Schriften rezipierte er, empfing von ihm auch Ideen für seine Opern (»Tannhäuser«, »Der Fliegende Holländer«), wird sich aber wohl in seinen späteren Jahren kaum der Kernbotschaft von *Caput 1* in Heines *Deutschland. Ein Wintermärchen* verschrieben haben können. Eines ist aber unabweisbar klar: Richard Wagner war kein Rassenantisemit, schon gar nicht ist er mit dem rassenbiologisch begründeten eliminatorischen Antisemitismus des Nazismus in Verbindung zu bringen.

Das hängt zunächst damit zusammen, dass ihm noch kein verwendbarer Rassenbegriff zur Verfügung stand. Gobineaus Schriften hat er erst sehr spät, gegen Ende seines Lebens, gelesen. Es ist auch nicht bekannt, dass er Eugen Dührings 1881 erschienene pseudowissenschaftliche Kampfschrift *Die Judenfrage als Racen-, Sitten- und Culturfrage* rezipiert hätte. Dühring war von der »wissenschaftlichen« Ambition beseelt, der sozial-politischen Bewegung des Antisemitismus eine biologische, historische und philosophische Basis zu schaffen, wobei er die »Judenfrage« als Ausdruck eines in seinem Wesen unüberwindbaren Gegensatzes begriff, mithin zur Schlussfolgerung gelangte, das Judentum sei »von Natur aus unvermeidbar der Feind aller Kulturvölker, die sich gegen diesen wehren müssten, um nicht unterzugehen«. Mitnichten ausgemacht ist aber auch, ob Wagner die rassenbiologische Fundierung des Antisemitismus überhaupt für sich in Anspruch genommen hätte, wenn ihm solche oder ähnliche Schriften bekannt gewesen wären. Sein Antisemitismus war eher ethnisch-kulturell begründet, und als solcher unterschied er sich (wie auch der traditionelle, religiös motivierte Judenhass) vom rassenbiologisch konstruierten. Denn während die Religion immerhin die Möglichkeit eines Ausbruchs aus dem Verfolgungs-Schicksal durch Konversion bietet und der ethnisch-kulturelle Antisemitismus durch angepasste soziale (und kulturelle) Integration, ist ein solcher Ausbruch im biologisch prädeterminierten Rassenantisemitismus nicht vorgesehen, von seinem Wesen her unweigerlich versperrt.

Wie aber lässt sich diese Behauptung mit dem von Wagner verwendeten Begriff der »Rassen-Konsistenz« vereinbaren? Indiziert er nicht, dass es auch bei ihm bereits rassistisch rumorte? Die Antwort darauf ist nicht eindeutig. Man kann nicht wissen, wohin sich Wagners Antisemitismus entwickelt hätte, wenn er weitere fünfzehn Jahre gelebt und die Schriften Arthur de Gobineaus, Eugen Dührings, Wilhelm Marrs oder Georg von Schönerers rezipiert hätte. Statt sich aber in Spekulation zu ergehen, sei darauf hingewiesen, dass der von Wagner gebrauchte Begriff »Rasse« der biologischen (erst recht der genetischen) Konnotation entbehrte. Vergleichbar war er vielmehr mit dem Begriff »race«, der von Montesquieu und britischen Denkern des 18. Jahrhunderts eher mit Umwelt, Milieu und ethnischer Kollektivität in Verbindung gebracht wurde. So besehen, meinte »Rassen-Konsistenz« bei Wagner den jahrtausendealten Erhalt des Judentums als religiös-kulturelle Kategorie, eine historische Erscheinung, die er zwar pejorativ verzeichnete, die etwa Nietzsche hingegen mit einiger Bewunderung bestaunte, ganz zu schweigen vom orthodoxen Judentum selbst, welches sich gerade darauf etwas sein Wesen (mithin die »Auserwähltheit«) Ausmachendes einbildete.

Größere Debatten lösten hingegen die Schlusssätze von *Das Judenthum in der Musik* im Verlauf der langen Wagner-Rezeption aus: »Nehmt rücksichtslos an diesem, durch Selbstvernichtung wiedergebärenden Erlösungswerke teil, so sind wir einig und ununterschieden! Aber bedenkt, dass nur Eines eure Erlösung von dem auf euch lastenden Fluche sein kann: die Erlösung Ahasvers, – der Untergang!« Wie soll man den horrenden Begriff »Untergang« verstehen? Durfte man ihn als eine konkrete historische Prophezeiung sehen, wie es gewisse Historiker taten? Gar als eine frühe Ahnung von Auschwitz? Auch in diesem Fall muss der historische Kontext mitbedacht werden. Untergang kann in der Tat physische Auslöschung bedeuten. Aber war das in der zweiten Hälfte des 19. Jahrhunderts in Deutschland wirklich denkbar? Die letzten physischen Ausschreitungen gegen Juden als Gemeinschaft gingen auf das Jahr 1819 zurück, auf die sogenannten »Hep-Hep-Unruhen«; es sollten knapp 120 Jahre vergehen, ehe mit dem Pogrom der »Reichskristallnacht« im November 1938 kollektives jüdisches Leben in Deutschland physisch bedroht wurde. Es ist mehr als unwahrscheinlich, dass zu einem Zeitpunkt, als gerade in Deutschland die besten Chancen für eine erfolgreiche jüdische Assimilation bestanden, ein von wie immer ausschweifenden Gewaltphantasien getriebener Richard Wagner (der ja auf der Bühne – aber eben nur auf der Bühne – eine gesamte Götterwelt untergehen ließ) hätte sich erlauben können, eine physische Vernichtung der Juden zu imaginieren.

Was immer mit »Untergang« gemeint sein mag, darf man nicht übersehen, dass seiner Androhung ein Vertragsangebot vorangeht: »Nehmt rücksichtslos an diesem, durch Selbstvernichtung wiedergebärenden Erlösungswerke teil, so sind wir einig und ununterschieden!« Der hegemonial-überhebliche Herrschaftston ist deutlich genug, und doch enthält das »Angebot« auch die emanzipative Perspektive dessen, was Wagner als »Erlösungswerk« apostrophiert. Wie hat man das zu verstehen? Was hat hier »Selbstvernichtung« zwecks »Erlösung« zu bedeuten? Vielleicht kann man etwas zur Deutung vermittels eines anderen Textes beitragen, dessen Verwendung hier so weit hergeholt erscheint, dass man die Analogie verwerfen könnte. Und doch: In *Zur Judenfrage* schreibt der junge Marx: »Welcher ist der weltliche Grund des Judentums? Das praktische Bedürfnis, der Eigennutz. Welches ist der weltliche Kultus des Juden? Der Schacher. Welches ist sein weltlicher Gott? Das Geld.« Er folgert daraus: »Nun wohl! Die Emanzipation vom Schacher und vom Geld, also vom praktischen, realen Judentum wäre die Selbstemanzipation unsrer Zeit.« Man kann dies als linken Antisemitismus deuten, wie es Hannah Arendt in der Tat getan hat. Eine solche Deutung geht aber an Marx' eigentlichen philosophischen Anliegen vorbei. Nicht um einen Angriff aufs Judentum ist es ihm zu tun, sondern um Kapitalismuskritik, wobei »der Jude« paradigmatisch zu diesem Zweck angeführt wird. Und so heißt es im Weiteren:

> Eine Organisation der Gesellschaft, welche die Voraussetzungen des Schachers, also die Möglichkeit des Schachers aufhöbe, hätte den Juden unmöglich gemacht. Sein religiöses Bewusstsein würde wie ein fader Dunst in der wirklichen Lebensluft der Gesellschaft sich auflösen. Andrerseits: wenn der Jude dies sein praktisches Wesen als nichtig erkennt und an seiner Aufhebung arbeitet, arbeitet er aus seiner bisherigen Entwicklung heraus, an der menschlichen Emanzipation schlechthin und kehrt sich gegen den höchsten praktischen Ausdruck der menschlichen Selbstentfremdung.

Es handelt sich also um das »Judentum« als Paradigma, wie es sich auch dem bald darauffolgenden, nur zu oft missverstandenen Satz entnehmen lässt: »Die Judenemanzipation in ihrer letzten Bedeutung ist die Emanzipation der Menschheit vom Judentum.«

Dass »Emanzipation der Menschheit vom Judentum« nichts mit physischer Verfolgung von Juden zu tun hat, liegt auf der Hand. Selbst dann nicht, wenn man Marx eine judenfeindliche Gesinnung beimessen möchte. Strukturell ähnlich argumentiert auch Wagner in der Schlusspassage seiner Schrift *Das Judenthum in der Musik*, er freilich, im Gegensatz zu Marx, in dezidiert antisemitischer Absicht. Wer sich mit diesem Vergleich nur schwer anfreunden kann, möge sich vor Augen führen, dass auch der Zionismus in seinen ideologischen Anfängen den Juden emphatisch einen »Untergang« verhieß, nur nannte er ihn »Negation der Diaspora«. In seinem Bestreben, den »Neuen Juden« hervorzubringen, welcher den Platz des dem historischen Untergang geweihten diasporischen Juden als Subjekt des künftig zu errichtenden jüdischen Nationalstaates einnehmen sollte, rief der Zionismus zur Aufhebung alles Diasporischen, mithin zur Eliminierung der jüdischer Lebenswelten in der Diaspora auf. Auch da wurde von »Autoemanzipation« geredet, beispielsweise bei Leo Pinsker, von einer auferlegten Selbstvernichtung (des diasporischen Juden) zugunsten des zionistischen Erlösungswerks. Man musste also kein Antisemit sein, um den jüdischen »Untergang« herbeizuwünschen. Man konnte auch durchaus Antisemit sein, ohne den physischen Untergang der Juden zu ersehnen. Richard Wagner war einer der fanatisch artikuliertesten Antisemiten des 19. Jahrhunderts. Mit Auschwitz hatte er nichts zu tun, zu seiner Zeit ohnehin nicht. Ob sich das in den Generationen nach seinem Tod änderte, soll in einem gesonderten Kapitel erörtert werden.

Antisemitismus in Wagners Werk?

Dass Wagner ein obsessiver Antisemit war, ist hinlänglich bekannt. Davon zeugen seine Tagebucheintragungen (wie auch die Cosimas), seine Autobiografie und viele seiner Schriften, nicht zuletzt seine Bekenntnisse in den *Bayreuther Blättern*. Dem ist auch im vorliegenden Band gesondert Rechnung getragen worden. Zu fragen bleibt gleichwohl, ob diese negative Obsession Wagners sämtliche Sphären seines Daseins durchdrang. Denn trotz seiner von antisemitischem Vorurteil strotzenden Rhetorik, die mit zu dem extremsten und giftigsten gehört, was das 19. Jahrhundert an Judenhass hervorgebracht hat, findet man im künstlerischen Werk Wagners nur schwerlich Zeugnis davon. Das mag umso mehr überraschen, als Wagner ein scharfer Polemiker war, der sich an allem haltlos austobte, was ihm verhasst war, und dabei sehr wohl verstand, vom künstlerischen Medium raffinierten Gebrauch zu machen. Man denke nur in diesem Zusammenhang an die gehässig-polemische, wiewohl geniale Weise, in der er in den »Meistersingern« seinen gegen die Mächte des Bösen leidvoll geführten Kampf um die Verwirklichung seiner innovativen künstlerischen Ideen darstellte. Und doch will die Frage beantwortet werden: Drang der Antisemitismus als solcher auch in Wagners Tondramen? Nicht wenige renommierte Wagner-Forscher vertraten und vertreten dezidiert die Auffassung, dass dem so sei. Im Nachweis dafür konzentrierte man sich für gewöhnlich auf die Gestalten Alberichs (»Das Rheingold«), Mimes (»Siegfried«), Beckmessers (»Die Meistersinger von Nürnberg«) und Kundrys (»Parsifal«), allesamt mehr oder minder negative Figuren, teilweise karikiert, eine auch erlösungsbedürftig. Um eine alternative Deutung anzubieten – mithin die These, dass der pathologische Antisemit Wagner sein umfangreiches künstlerisches Werk von seiner krankhaften Obsession verschonte –, seien hier diese vier Gestalten erörtert.

Betrachtet sei hierfür die Anfangsszene des »Rheingolds«. Nach wogendem Entstehen und tosendem Werden des Vorspiels, das eine mythische Weltschöpfung assoziieren lässt, kommen drei anmutige Wassergeschöpfe und die unerquickliche Gestalt eines struppigen Zwerges zum Vorschein. Die Anmut der Mädchen schlägt sich in ihrer lieblichen, scheinbar naiv unbefangenen Verspieltheit nieder, das Abstoßende des Gnoms drückt sich in der ihn beim Anblick der reizvoll Tollenden überkommenden Begierde aus, sein hässliches Äußeres tut ein Übriges dazu, das Widrige zu steigern. So will es Wagner. Aber warum ist dem eigentlich so? Was ist denn so schlimm an der Lüsternheit des Garstigen als solcher? Nichts, wenn man es genau nimmt (dabei freilich die Möglichkeit einer Vergewaltigung ausschließt): Er wäre außerstande, sich den durch die Fluten geschützten Wassermädchen überhaupt zu nähern, könnte ihnen nichts anhaben, wenn diese es bloß verstünden, ihn zu ignorieren, sich nicht auf ein bedenklich dubioses Spiel mit ihm einzulassen. Wagner inszeniert aber etwas anderes: »Der Feind ist verliebt«, stellt die eine fest; »Der lüsterne Kauz!«, kommentiert die zweite; »Lasst ihn uns kennen!«, schlägt die dritte vor. Kurzum: Die Provokation ist geplant, die Frustration des geilen »Feindes« wird von Anfang an in voller Absicht und mit Bedacht in Gang gesetzt. So sieht es freilich Wagner nicht. Sein Unhold ist von sich aus ein solcher. Zurecht reizen, necken und verspotten ihn die Mädchen demnach, zurecht verlachen sie ihn, erfreuen sich seiner Schmach: »Wie deine Anmut mein Aug' erfreut, deines Lächelns Milde den Mut mir labt! Seligster Mann!«, schmeichelt die eine verführerisch. »Süßeste Maid!«, erregt sich der Abscheuliche. »Wärst du mir hold!«, wünscht sie verheißungsvoll. »Hielt' ich dich immer!«, sehnt er. Da erst zeigt sie ihr wahres Gesicht und stößt ihn höhnend von sich ab:

Deinen stechenden Blick, deinen struppigen Bart,
o sähe ich ihn, fasst ich ihn stets!
Deines stachligen Haares strammes Gelock,
umflöß' es Floßhilde ewig!
Deine Krötengestalt, deiner Stimme Gekrächz,
o dürft' ich staunend und stumm sie nur hören und
sehn!

Sehr lustig und vergnügt ist daraufhin dem tonsetzenden Dichter zumute: »Hahahahahaha!«, spottet er vermittels der erheitert auflachenden Nixen und bekundet so seine Abneigung gegen Persönlichkeit und Wesen des abstoßenden Zwergs.

Noch zweimal wiederholt sich dieses perfide Spiel der Verführungsprovokation mit anschließender sexueller Frustration, bis das Rheingold in den Fluten zum Vorschein kommt und Alberich von seiner Wunderkraft erfährt. »Der Welt Erbe gewänne zu eigen, wer aus dem Rheingold schüfe den Ring, der maßlose Macht ihm verlieh«, erklärt eine der Rheintöchter. »Nur wer der Minne Macht versagt, nur wer der Liebe Lust verjagt, nur der erzielt sich den Zauber, zum Reif zu zwingen das Gold«, ergänzt die andere. Und da passiert es: Der abscheuliche Zwerg schwört der Liebe ab und verschreibt sich der Macht des Goldes: »Das Licht lösch' ich euch aus; entreiße dem Riff das Gold, schmiede den rächenden Ring; denn hör' es die Flut: so verfluch' ich die Liebe!«

Gewiss lässt sich daraus »Antisemitismus« ableiten: Geld- und Machtgier des Juden sind klassische Topoi des neuzeitlichen Judenhasses und modernen Antisemitismus. Aber Wagner geht gerade nicht von einem a priori gesetzten Wesen des »Juden« Alberich aus, sondern kreiert eine Genese des sich anbahnenden Unglücks, eine Genese, die verschiedene Möglichkeiten des Handlungsverlaufs in sich birgt: Hätten die Rheintöchter die Avancen des Zwergs ignoriert oder wäre es in der Tat zum (freilich schwer vorstellbaren) Liebesakt gekommen, hätte die Geschichte einen ganz anderen Verlauf nehmen können. Wagner setzt aber auf Ablehnung und Verbitterung, und so ist der Kompensationsakt von vornherein mit eingeschrieben, mithin durchaus nachvollziehbar: Alberichs Triebverzicht ist zwar aufoktroyiert, aber er gewinnt der Entsagung einen (anders) befriedigenden Ersatz ab – narzisstisch gekränkt, entwickelt er ein Rachegefühl, dem er durch Gewinn der Macht angemessen genügen kann. Nicht nur ist eine solche Sublimation mit Sigmund Freud hinreichend erklärbar, sondern ihr universeller Charakter verleiht ihr den Rang eines integralen Bestandteils der conditio humana – ist doch sublimierter Triebverzicht Voraussetzung aller Zivilisation. In welche normative Richtung sublimiert wird, ist freilich die entscheidende Frage. »Make Love, Not War«, hieß es in den Sechzigerjahren mit deutlicher Präferenz für die Vorherrschaft des Eros über den Thanatos, der Liebe über die Gewalt. Aber im Faust-Motiv sind beide Richtungen der (im Vertrag ausgehandelten) Kompensation angelegt und denkbar: bei Goethe (in *Faust I*) der Verzicht auf Macht des Wissens und der Bildung zugunsten einer Neuerfahrung von Liebe. In Thomas Manns *Doktor Faustus* bildet Liebesverzicht gerade die Voraussetzung für die Erringung von Macht als innovative

Kunstschöpfung und Ruhm. Die psychologisch erklärbare Verfluchung der Liebe durch Alberich und sein ebenso verständliches Rachebedürfnis infolge der erfahrenen narzisstischen Kränkung bedürfen nicht des »Jüdischen« zur Deutung der Szene, entsprechend auch nicht des »antisemitischen« Abscheus. Ganz im Gegenteil darf behauptet werden, dass Wagner hier den Prolog für eine universelle Zivilisationskritik formuliert, die das Denken hinsichtlich des Verhältnisses von Mensch und Natur, Naturbeherrschung und Kultur theologisch, philosophisch und wissenschaftlich seit jeher beschäftigt haben.

Eindeutiger stehen die Dinge im Falle Mimes, Alberichs Bruder, der in »Siegfried« eine wichtige Rolle spielt. Wagner gestaltet ihn als durchweg bösartig, hinterhältig und verlogen, eine wahrhaft hassenswerte Figur. Mime hat Siegfried, Siegmunds und Sieglindes verwaistes Kind, großgezogen, tat es aber nicht aus Erbarmen, nicht aus Menschenliebe, sondern aus Kalkül: Er hofft, der nunmehr kräftige Jüngling werde ihm den Ring aus dem Rheingold erbeuten; dieser wird von Fafner, dem Riesen aus »Rheingold«, der sich in einen Drachen verwandelt hat, in dessen Höhle bewacht. Mime ist zwar Schmied, aber nicht fähig, die Trümmer von Nothung, dem Schwert des im Kampf gefallenen Siegmund (dessen es bedarf, um den Drachen zu bezwingen), wieder zusammenzuschmieden. Siegfried empfindet Mime gegenüber nur Widerwillen, fragt sich aber, wieso er immer wieder von seinen Ausflügen im Wald zu Mime zurückkehrt. Er weiß, dass Mime nicht sein wirklicher Vater sein kann, will aber von ihm die Wahrheit über seine Herkunft erfahren. Er wird sie ihm abtrotzen, Nothung selbst zusammenschmieden und dann in die Welt ziehen – zum Kampf mit dem Drachen, zur Bewusstwerdung seiner selbst und der Natur und zur Erweckung Brünnhilds, seiner künftigen mächtigen Liebe, aus ihrem Schlaf.

Wenn Mime als »antisemitisch« karikierte Gestalt zu deuten ist – von selbst versteht sich, dass der Jude in der mythischen Welt nichts verloren hat –, dann wohl deshalb, weil man von einem Antisemiten erwartet, den Juden so zu sehen: verschlagen, verlogen, nur auf seinen Vorteil bedacht, skrupellos, intelligent, hinterhältig und intrigant. Siegfried ist demgegenüber unschuldig-naiv, von unwissender Ahnung und vom authentischen Instinkt getrieben. Er ist zudem physisch attraktiv, jung, kräftig und verdeutlicht somit Mimes physisch Abstoßendes. Eine klassische Konstellation für »antisemitische« Imaginationen. Oder etwa nicht? Handelt es sich vielleicht doch nur um eine Hineindeutung von »Antisemitismus«, weil man weiß, dass Wagner Antisemit war und sich daher eine solche Plattform zur Projektion seiner ressentimentgeladenen Obsession schaffen musste? Denn das Gut-Böse-Gegensatzprinzip des Antisemitismus ist letztlich nichts als eine spezielle Form des fundamentalen Musters einer jeglichen manichäischen Anschauung, wie sie sich seit vielen Jahrtausenden in der Magie, der Religion, der Philosophie, der Literatur und der Kunst immer wieder findet. Mime ist nicht anders böse als Shakespeares Iago, Wildes Dorian Gray oder Schneewittchens Stiefmutter bei den Gebrüdern Grimm. Es gibt keinen ernst zu nehmenden Grund, in Mime einen künstlerischen Ausdruck von Wagners Antisemitismus zu sehen. Er ist böse, weil Wagner ihn als solchen in seiner Werkkonstruktion braucht. Er ist nicht mehr und nicht weniger böse als Klingsor in »Parsifal«. Mit einem antisemitischen Ressentiment Wagners hat weder der eine noch der andere zu tun.

Zu fragen bleibt gleichwohl, ob Mimes Bösartigkeit einzig nach dem von Wagner vorgegebenen Schwarz-Weiß-Schema zu deuten sei. Liest man den Dialog zwischen Siegfried und Mime in der ersten Szene der Oper, so ist der Gegensatz zwischen beiden in der Tat dichotomisiert, und

Mime erfährt von Wagner nicht das geringste psychologische Verständnis, wie es sich für letzteren in der Szene von Alberich mit den Rheintöchtern durch den Handlungsablauf gleichsam von selbst konstruiert. Und doch schleicht sich in die Worte Mimes etwas ein, das sich, quasi gegen Wagners bewusste Intention, im Text selbst niederschlägt. Hier eine beredte Passage:

> Mime *(stellt sich empfindlich. Mit kläglich kreischender Stimme)*:
>
> Das ist nun der Liebe schlimmer Lohn!
> Das der Sorgen schmählicher Sold!
> Als zullendes Kind zog ich dich auf,
> wärmte mit Kleiden den kleinen Wurm:
> Speise und Trank trug ich dir zu,
> hütete dich wie die eigne Haut.
> Und wie du erwuchsest, wartet' ich dein;
> dein Lager schuf ich, dass leicht du schliefst.
> Dir schmiedet' ich Tand und ein tönend Horn;
> dich zu erfreun, müht' ich mich froh:
> mit klugem Rate riet ich dir klug,
> mit lichtem Wissen lehrt' ich dich Witz.
> Sitz' ich daheim in Fleiss und Schweiss,
> nach Herzenslust schweifst du umher:
> für dich nur in Plage, in Pein nur für dich
> verzehr' ich mich alter, armer Zwerg!
>
> *(schluchzend)*
>
> Und aller Lasten ist das nun mein Lohn,
> dass der hastige Knabe mich quält und hasst!
>
> *(schluchzend) – (Siegfried hat sich wieder umgewendet und ruhig in Mimes Blick geforscht.*

Mime begegnet Siegfrieds Blick und sucht den seinigen scheu zu bergen)

Die Bühnenanweisungen Wagners sind eindeutig: Mime gilt ihm als ein verlogener Heuchler, der Zuschauer soll ihm mit Antipathie begegnen. Um das Unwahrhaftige an Mime zu konstruieren, wird ihm Wahrhaftiges in den Mund gelegt – er sagt, was für seine Situation effektiv ist, nicht das, was er fühlt und denkt. Zieht man aber diese Bühnenanweisungen ab, so ergibt sich ein Monolog, der auch einen Wahrheitskern enthält (Wagner selbst weiß das). Denn es stimmt, dass Mime – aus welchen Gründen auch immer – Siegfried großgezogen, sich um sein Heranwachsen und Wohl gekümmert hat. Real betrachtet konnte er das Kind nicht ohne materielle Fürsorge aufziehen. Wagner ist sich dessen bewusst und versucht, diese Lebensleistung Mimes durch moralische Infragestellung auszuhöhlen. Aber das ändert letztlich nichts daran, dass Mime objektiv ein Mindestmaß der Anerkennung von Siegfried erwarten darf. Dies umso mehr, als die Gründe für Siegfrieds Abscheu vor seinem Ziehvater im Unbestimmten gelassen werden (ein für Wagner typischer Zug, Gewichtiges im amorph »Ahnungsvollen« zu belassen). Mime jedenfalls erhebt berechtigten Anspruch. Siegfried ist es, der sich arrogant, ungezogen und sadistisch benimmt, Charaktereigenschaften, die der realen Person Wagner freilich nicht unbekannt waren.

Über Beckmesser ist in diesem Band bereits einiges gesagt worden. Hervorgehoben sei aber im hier erörterten Zusammenhang, dass, insofern man in seiner Gestalt eine antisemitische Karikatur erblicken möchte, diese Zuschreibung sich rein heteronom vollzieht. Es gibt nichts an Beckmesser selbst, was an Jüdisches gemahnen würde. Sein in der Funktion als »Merker« zum Vorschein tretender Pedantismus ist nach gängigen antisemitischen Klischeevorstellungen gerade kein Wesensmerkmal von Juden. Seine Hinterhältigkeit ist, ähnlich wie bei Mime, vielleicht seinem Charakter zuzuschreiben, vor allem aber der situativen Bredouille, in welche er im Drama geraten ist. Seine wie immer gedachte moralische Verwerflichkeit hat also nichts mit jüdischem Sein zu tun, mithin auch nichts mit der antisemitischen Ideologie seines künstlerischen Schöpfers. Bekannt ist aber, dass Wagner sich an dem einflussreichen Wiener Musikkritiker jüdischer Herkunft Eduard Hanslick, Wagners bedeutendstem Widersacher und begeistertem Anhänger von Brahms, rächen wollte; es heißt, er habe gar ursprünglich erwogen, Beckmessers Figur »Hans Lick« zu nennen. Auf jeden Fall wäre eine so generierte »Antisemitisierung« Beckmessers ganz und gar fremdbestimmt; denn ein außerhalb des Werks Liegendes wird dem Werk, ohne der immanenten Werklogik zu folgen, zugetragen. Nicht von ungefähr hat Wagner von seinem anfänglichen Nomenklaturplan abgesehen.

Es würde Wagner nicht gerade zur Ehre gereicht haben, seine Auseinandersetzung mit Hanslick auf diese perfide Ebene zu reduzieren. Dafür war Eduard Hanslick ein viel zu ernst zu nehmender, renommierter Gegner, der den Anspruch erheben durfte, substanzielle Antworten auf seine Kritik zu erhalten. Die gab es auch in Wagners Schriften, aber es waren eben diese Schriften (und die Verwirklichung der in ihnen vertretenen Thesen in Wagners Werken), welche die Kritik Hanslicks hervorriefen. Es sei hier erneut hervorgehoben: Der Streit zwischen Vertretern der absoluten Musik und denen der Programmmusik beziehungsweise des Gesamtkunstwerks als einer sich der Musik als eigenständiges Medium entschlagenden Doktrin, war mehr als nur eine vorübergehende polemische Debatte; es handelte sich um einen essentiellen kulturellen Diskurs, bei dem es um Fragen der Autonomie von Kunstbereichen (wie etwa in Lessings *Laokoon* erörtert) oder ebender historischen Notwendigkeit, den »Hang zum Gesamtkunstwerk« zur »verpflichtenden« Richtlinie »auf der Höhe der Zeit« zu erheben. Entschieden sind diese im 19. Jahrhundert hervorgekommenen Fragestellungen letztendlich bis zum heutigen Tag nicht, trotz Kinofilmen, totalen Theaterstücken, Konzepten der Transmedialität und vielem mehr.

Kundry muss in der hier aufgelisteten Galerie »antisemitischer« Gestalten bei Wagner gesondert betrachtet werden. In ihrem Fall hat Wagner selbst die Handhabe für die Behauptung geliefert, auch in seinem künstlerischen Werk lasse sich Antisemitismus nachweisen. In einem 1856 verfassten Prosaentwurf zum »Parsifal« schrieb er:

> Kundry lebt ein unermeßliches Leben unter stets wechselnden Wiedergeburten, in Folge einer uralten Verwünschung, die sie, ähnlich dem »ewigen Juden«, dazu verdammt, in neuen Gestalten das Leiden der Liebesverführung über die Männer zu bringen; Erlösung, Auflösung, gänzliches Erlöschen ist ihr nur verheißen, wenn einst ein reinster, blühendster Mann ihrer machtvollsten Verführung widerstehen würde. Noch keiner hat ihr widerstanden. Nach jedem neuen, ihr endlich tief innerlichst so verhassten Siege, nach jedem neuen Falle eines Mannes, verfällt sie in Rasen; sie flüchtet dann in die Wildnisse, und weiß sich der Macht ihrer Verwünschung durch die strengen Büßungen und Kasteiungen längere Zeit zu entziehen: doch ist ihr verwehrt, auf diesem Wege das Heil zu finden. Unbewusst steigt in ihr immer wieder die Sehnsucht auf, durch einen Mann erlöst zu werden, wie der Fluch ihr ja auch einzig diesen Weg der Erlösung anzeigt.

Die Erwähnung Ahasvers ist beredt. Einer alten christlichen Legende zufolge habe er Jesus am Kreuz verlacht, weshalb er dazu verdammt wurde, rastlos auf der Welt umherzuwandern. Auch Kundry ist – gleichsam als »ewige Jüdin« – zur ruhelosen Wanderschaft verflucht, weil sie Jesus am Kreuz ausgelacht habe; sie wandert zwischen den Welten in immer neuen Wiedergeburten, um endlich Erlösung von ihrer Schuld zu finden. Darüber hinaus ist sie auch dazu verflucht, im Banne von Klingsors Zaubermacht als »willenloses, schönes Werkzeug der Verlockung« immer wieder Männer zu verführen. In einer Regieanweisung des ersten Aktes wird sie als orientalische Fremde – von den Knappen als »Zauberweib« und »Heidin« verhöhnt – beschrieben:

> *Kundry stürzt hastig, fast taumelnd herein. Wilde Kleidung, hoch geschürzt; Gürtel von Schlangenhäuten lang herabhängend; schwarzes, in losen Zöpfen flatterndes Haar; tief braun-rötliche Gesichtsfarbe; stechende schwarze Augen, zuweilen wild aufblitzend, öfters wie todesstarr und unbeweglich.*

Im Erlösungsfinale der Oper wäscht Kundry Parsifal die Füße; man hat sie daher als »eine Art Maria Magdalena« gedeutet. Parsifal, der neue Gralskönig, tauft seinerseits Kundry, die – endlich von ihrem uralten Fluch erlöst – entseelt zu Boden sinkt.

Das ist in der Tat eine Herausforderung. Auffällig ist zunächst die Analogisierung Kundrys mit dem »ewigen Juden« Ahasver. Zu fragen wäre dabei, ob Ahasver ein antisemitisches Motiv darstellt. Die Legende ist religiösen Ursprungs, worauf gleich noch zurückzukommen sein wird. Hat Wagner das Ahasver-Motiv von Anbeginn antisemitisch rezipiert? Um das zu beantworten, sei darauf hingewiesen, dass Wagner dieses Motiv mit dem des »Fliegenden Holländer« in Verbindung bringt, indem er letzteren als »Ahasverus des Ozeans« apostrophiert. Man vergesse dabei nicht, von wem Wagner das Thema des

»Fliegenden Holländers«, das als Verarbeitung des Ahasver-Motivs zu denken ist, als Sujet für seine frühe Oper übernommen hat. Es war kein anderer als der Jude Heinrich Heine. Noch im Uraufführungsjahr des »Fliegenden Holländers«, 1843, bekennt sich Wagner zum prägenden Einfluss, den Heines Handlungsskizze auf ihn ausgeübt habe: »Besonders die von Heine erfundene, echt dramatische Behandlung der Erlösung dieses Ahasverus des Ozeans gab mir alles in die Hand, diese Sage zu einem Opernsujet zu benützen.« Im Wikipedia-Artikel des Stückes heißt es kommentierend dazu:

> 1871 nennt er den Stoff »die von Heine einem holländischen Theaterstücke gleichen Titels entnommene Behandlung«, greift also die heinesche Fiktion eines in Amsterdam gesehenen Stückes auf und entzieht Heine zugleich die zuvor anerkannte Autorschaft, wohl vor dem Hintergrund von Wagners zunehmendem Antisemitismus.

Das heißt also, ursprünglich hatte das Thema des »Fliegenden Holländers« qua Ahasverus-Motiv keine antisemitische Bedeutung für Wagner; erst sein erstarkender Antisemitismus in späteren Jahren ließ ihn dies offenbar neu überbedenken, freilich nicht im inhaltlichen Zusammenhang des Sujets, sondern – heteronom – mit Bezug auf den jüdischen Autor, der ihn bei der Bearbeitung des Sujets (nach eigenem Bekunden) maßgeblich geprägt hatte. Gleiches dürfte auch für die als weiblicher »ewiger Jude« angesehene Kundry gelten. Das ist allerdings nicht unumstritten. In einem Kommentar zum »Parsifal«-Finale hat man unlängst im Hinblick auf Kundrys Erlösungstod geschrieben: »Mit diesem Finale hat Wagner ein weiteres Motiv aus seiner antisemitischen Vorstellungswelt in seine Oper integriert: die Vorstellung der Erlösungsbedürftigkeit aller Juden, die jedoch nur durch den Tod der Juden zu erreichen sei«. Hier wird also der Antisemitismus Wagners im »Parsifal« zwar hervorgehoben, nicht aber auf die Deutung der Gestalt Kundrys als »weiblichen Ahasverus« zurückgeführt, sondern auf ihre Erlösung durch den Tod, welcher dem Erlösungstod der Juden analogisiert wird.

Klingt nicht unplausibel. Es sei denn, man beruft sich bei der Beurteilung dieses Topos einer Erlösung durch Tod bei Wagner auf jemanden, der wohl wie kaum ein anderer Wagners Werk gekannt und durchschaut hat. In *Der Fall Wagner* schrieb Nietzsche im Jahre 1888:

> Wagner hat über nichts so tief wie über die Erlösung nachgedacht: Seine Oper ist die Oper der Erlösung. Irgendwer will bei ihm immer erlöst sein: bald ein Männlein, bald ein Fräulein – dies ist sein Problem. – Und wie reich er sein Leitmotiv variiert! Welche seltenen, welche tiefsinnigen Ausweichungen! Wer lehrte es uns, wenn nicht Wagner, dass die Unschuld mit Vorliebe interessante Sünder erlöst? (der Fall im Tannhäuser) Oder dass selbst der ewige Jude erlöst wird, sesshaft wird, wenn er sich verheiratet? (der Fall im Fliegenden Holländer) Oder dass alte, verdorbene Frauenzimmer es vorziehen, von keuschen Jünglingen erlöst zu werden? (der Fall Kundry) Oder dass schöne Mädchen am liebsten durch einen Ritter erlöst werden, der Wagnerianer ist? (der Fall in den Meistersingern) Oder dass auch verheiratete Frauen gerne durch einen Ritter erlöst werden? (der Fall Isoldens) Oder dass »der alte Gott«, nachdem er sich moralisch in jedem Betracht kompromittiert hat, endlich durch einen Freigeist und Immoralisten erlöst wird? (der Fall im »Ring«).

So besehen entspringt der Erlösungstod Kundrys mitnichten antisemitischer Begierde des Tondichters, sondern seiner allgemeinen Obsession, durch Tod zu erlösen. Dabei ist in diesem spezifischen Zusammenhang nicht so sehr Antisemitismuskritik anzusetzen, sondern, wenn schon, eine feministische Dekonstruktion dieser offenbar doch sehr männlichen Phantasie. Das muss hier unerörtert bleiben. Exemplarisch sei nur eine bezeichnende Anmerkung von Denise Schmid von 2013 angeführt:

> Worum geht es im »Fliegenden Holländer«? Um einen Mann, den Holländer, der auf die Erlösung durch die Treue einer Frau, Senta, hofft, und um diese Frau, die davon träumt, genau diesen Mann zu erlösen. Als das nicht wie geplant klappt, stürzt sich Senta ins Meer, das Schiff des Holländers versinkt, beide auferstehen, er ist erlöst. Worum geht es im »Tannhäuser«? Um einen Mann, Tannhäuser, der Vergebung für seine Sünden sucht und für den eine tugendhafte Frau, Elisabeth, stirbt, in der Hoffnung, dass er erlöst werde und ihm vergeben werde. Worum geht es in »Lohengrin«? Um einen edlen, namenlosen Ritter, nach dessen Namen Elsa, die er liebt und die ihn liebt, nie fragen darf; sie wagt es trotzdem, angestachelt durch ein böses Weib, Ortrud, und muss zur Strafe sterben. Und wie ergeht es im »Ring« Brünnhilde, der aufmüpfigen Tochter von Göttervater Wotan, einer der vielseitigsten Frauenfiguren bei Wagner? Kämpferisch und tugendhaft zugleich, siegt auch bei ihr am Ende die Liebe zum Helden Siegfried. Trotz seinem Betrug kann sie nach seinem Tod ohne ihn nicht weiterleben und reitet in die Flammen des Scheiterhaufens – die Erfüllung von Treue und Liebe liegt im Tod wie am Ende von »Tristan und Isolde«.

Was nun Kundry als Verkörperung antisemitischer Polemik anbelangt, sei angemerkt, dass sich der damalige Antisemitismus für gewöhnlich männlicher Gestalten für seine perfiden ideologischen Gehässigkeiten bediente. Das mag mit allgemeinen patriarchalischen Dominanzverhältnissen bis tief in die Moderne hinein zusammengehangen haben; Frauen waren gemeinhin auch in diesem Kontext »benachteiligt«, jedenfalls jüdische Frauen als Gegenstand antisemitischer Agitation. In vormodernen Zeiten hingegen waren Frauen sehr wohl als Manifestationen der Bedrohung von gesellschaftlicher Ordnung und hegemonialen Wertvorstellungen für ideologischen Missbrauch zu gebrauchen. Wenn Wagner nun Kundry qua Analogie als einen weiblichen Ahasverus ansieht, schafft er eine Synthese zwischen der antijudaistischen christlichen Legende um Ahasver, der Vorstellung von der Frau als Exotikum mit »tief braun-rötlicher Gesichtsfarbe« und »stechenden schwarzen Augen« und der archaischen Gefährdung der Sittlichkeit durch erotische Verführung. Ist das moderne antisemitische Strategie Wagners? Vielleicht. Nur wäre sie dann in der Tat eine anachronistische Strategie, eine, die auf den vormodernen, religiös begründeten Judenhass zurückgreift, eine Strategie, die sich der Religion für den im Wesen säkularen modernen Antisemitismus bedient. Ein regressives Ideologem also, ganz und gar nicht mehr »auf der Höhe der Zeit« des »avancierten« modernen Antisemitismus, inadäquat auch im Vergleich zu Wagners Auslassungen in den eigenen »theoretischen« Schriften. Nietzsche mag sich auch in diesem Punkt im Nachhinein ins Fäustchen gelacht haben.

Es gibt gute Gründe, sich von der Person Wagners abgestoßen zu fühlen, und zwar nicht nur wegen seines widerwärtigen Antisemitismus: seine von Opportunismus und Unterwürfigkeit durchwirkte politische Unbeständigkeit, sein degoutanter Egotismus, sein ausbeuterisches Verhältnis zu Menschen im Allgemeinen und zu Frauen im Besonderen, die unerträgliche Melange aus Arroganz und Selbstmitleid, die ihn sein gesamtes erwachsenes Leben hindurch gekennzeichnet hat, die Gehässigkeit und Skrupellosigkeit seiner polemischen Streitsucht in politischen, kulturellen und sozialen Fragen – all diese (und einige mehr) waren Charakteristika der Person Wagners: ein in der Tat abominabler Mensch. Das »Problem« besteht darin, dass er zugleich auch ein Genie war. Ein »Problem« – weil man sich gemeinhin schwertut, mit der unwillkürlich aufkommenden kognitiven Dissonanz angesichts der Inkohärenz vorbildlicher Schöpfergestalten. Aus nicht ganz erfindlichen Gründen wünscht man sich, dass sie für uns auf allen Ebenen ihres Daseins zumindest akzeptabel seien. Wo sich die Widersprüche nicht versöhnen lassen, man aber auch nicht bereit ist, auf die Bewunderung für die Person zu verzichten, pflegt man für gewöhnlich, ihr mit Nachsicht zu begegnen: Man »verzeiht« gleichsam Mozart die infantilen Seiten seiner Persönlichkeit; man »rechtfertigt« das ausschweifende Leben von Künstlern als hinnehmbarer integraler Bestandteil ihres Bohème-Habitus; man »versteht« den psychischen Kollaps der bewunderten Sängerin als Teil ihrer Genialität und als Ergebnis der Nähe von Genialität und Irrsinn. In ähnlicher Weise pflegt man den Abscheu vor Wagners Charaktereigenschaften der starken Bewunderung für seine schöpferische Genialität unterzuordnen. Im schlimmen Fall sieht man in ihm ein »deutsches Ärgernis«, nicht zuletzt wegen der ideologischen Ambivalenz, von der sein gesamtes Bühnenwerk durchzogen ist. Es ist aber ebendiese Ambivalenz, die auch einen produktiven Ansatz für innovative Tiefendeutungen seiner Opern bietet. Die größte Diskrepanz besteht wohl darin, dass das Oeuvre dieses genialen Schöpfers, eines der perfidesten Antisemiten des 19. Jahrhunderts, von Antisemitismus so gut wie unberührt geblieben ist.

Werk und Person

Es ist davon auszugehen, dass zwischen dem Künstler und seinem Werk stets eine enge Verbindung herrscht. Denn nicht nur ist alles im menschlichen Dasein – einem im Wesen gesellschaftlichen, historischen Sein – das Ergebnis menschlichen Wirkens, sondern es ist auch anzunehmen, dass dieses Ergebnis der (bewussten, halb- oder gar unbewussten) Intention dessen entstammt, der seine Verwirklichung betrieben hat. Dies ist selbstverständlich und bedarf keiner weiteren Erörterung. Wenn hier also postuliert wird, Werk und Person seien voneinander zu trennen, meint dies nicht eine wie immer geartete mystische Behauptung, der zufolge das Kunstwerk »aus dem Nichts«, gleichsam »von selbst« entstehe; auch nicht die reduktive Auffassung, die den Künstler als Aufnahmegefäß einer höheren Eingebung, als Vermittlungsmedium begreift. Vielmehr soll hier die gängige Annahme infrage gestellt werden, wonach die individuelle, historisch-empirische Person des Künstlers das Wesen seines Werks und dessen Ausformung bestimmt. »Individuelle Person« meint im hier erörterten Zusammenhang nicht jene persönlichen Grundzüge des Künstlers, die ihn als Kunstschöpfer kennzeichnen, sondern andere Ebenen und Aspekte seiner Person, deren unmittelbarer Bezug zur Sphäre seines Schaffens nicht für selbstverständlich zu erachten sind – obgleich genau dies von jenen behauptet wird, die apodiktisch eine Verbindung von Werk und Person postulieren. Denn von selbst versteht sich, dass die spezifischen schöpferischen, ästhetisch-künstlerischen Anlagen des Künstlers, die Kennzeichen seines Profils als solchen, in sein Werk eingehen und sich als Ursache der Werkentstehung verwirklichen. Aber gilt dies auch für andere Lebenssphären des Künstlers, etwa für die wirtschaftlichen Umstände seiner Existenz, die biographischen Bahnen seines Liebeslebens, seine politischen Anschauungen, seine sozialen Bekenntnisse, sein Verhältnis zu Mitmenschen oder seine kulinarischen Präferenzen?

Man kann diese Frage durchaus bejahen und feststellen, dass alle außerkünstlerischen Faktoren in der Tat integraler Bestandteil des Schöpfungsaktes seien, mithin auch seines künstlerischen Ergebnisses. Jene, die dies behaupten, dürften sogar Marx und Freud als Kronzeugen für ihr Argument anführen. Marx als den Denker, der sich weigerte, das Individuum als abstrakte Entität anzusehen, und es in seiner Wirklichkeit als »Ensemble der gesellschaftlichen Verhältnisse«, in denen es lebt, begriff. Wenn man sich darüber hinaus auf seine Grundannahme stützt, dass das gesellschaftliche Sein das Bewusstsein, mithin den Geist, bestimmt, darf man letztlich nichts aus dem Bereich des Geistes davon ausnehmen, und eben auch nicht die Kunst. Freud wiederum als Denker der Auffassung, dass der Künstler seinen egotistischen Infantilismus, den er nicht zu leben und zu erleben vermag, in gesellschaftlich anerkannte Handlungen und Erzeugnisse überführt, mithin Natur zur Kultur sublimiert beziehungsweise den Triebverzicht zum Kunstwerk (Ruhm mag sich dabei als zusätzliche narzisstische Belohnung ergeben). Daher sei es schlicht unmöglich, das Kunstwerk in all seinen Dimensionen von der Person des Künstlers zu trennen. Die Verbindung zwischen Werk und Personen scheint dieser Auffassung zufolge auf der makrosoziologischen Ebene nicht minder verzahnt zu sein als auf der Ebene der individuellen Tiefenpsychologie.

Es wäre, wie gesagt, unsinnig, diese Behauptungen in Abrede stellen zu wollen: Da der Mensch ein gesellschaftliches Wesen ist, kann man sich nicht vorstellen, dass das Werk des Künstlers nicht durch seine historischen-sozialen-kulturellen Verhältnisse irgendwie bestimmt werde. Und da die Persönlichkeit des Menschen sich an dem bildet, was sich in seinen psychischen und mentalen Antrieben und Wirkweisen manifestiert, darf man vom Einfluss der Psyche des Künstlers auf sein Werk nicht absehen. Und dennoch, trotz dieser suggestiven Einsichten, muss darauf insistiert werden, dass das Wissen über die kontextuellen Umstände des Künstlers keine zwingende Bedingung für die Rezeption und Deutung seines Werks darstellt. Es ist nützlich, über ein solches Wissen zu verfügen, aber auf keinen Fall darf es als eine notwendige Bedingung verstanden werden. Was es über das Werk zu wissen gibt, was an ihm dekodiert werden und ihm entnommen werden kann, findet sich zunächst und vor allem im Werk selbst; ist diese werkautonome Bedingung nicht erfüllt, hat es nicht viel Sinn, das Werk rezipieren zu wollen, da der heteronome Wissenszusatz kaum etwas zur wesentlichen Vertiefung der Begegnung mit dem Werk beizutragen vermag. Zwei zentrale Gründe mögen zur Fundierung dieser Behauptung angeführt werden – ein praktischer und ein dem Wesen des Kunstwerks immanenter.

Zum einen muss man sich damit abfinden, dass wir zumeist gar nicht in der Lage sind, der Forderung nachzukommen, das heteronome Wissen über das Kunstwerk zu mehren, um das Werk bewerten zu können – dies aus dem simplen Grund, dass wir über die allermeisten Schöpfer und Erzeuger der Kultur im Allgemeinen und der Kunst im Besonderen nicht das geringste Wissen besitzen; wir wissen so gut wie nichts über ihre konkreten Lebensumstände, geschweige denn ihre Anschauungen, Werte und Gefühle. Alles, was wir über das Werk und seinen anonymen Erzeuger wissen, ist im Kunstwerk selbst enthalten, in seiner Materialanordnung, der Komposition, in der Verwendung der ihm eigenen Ausdrucksmittel, in seinen stilistischen, ikonographischen oder ikonologischen Elementen. Und insofern wir etwas über den Kontext des Werks zu sagen vermögen, so verdankt auch dies sich dem, was wir dem Kunstwerk entnehmen können. So können wir etwa wissen, wie man im Griechenland des vierten Jahrhunderts vor Christus Amphoren mit Zeichnungen und Ornamenten versehen hat; wir schulden dies dem akkumulierten Wissen über Illustrationen und Ornamenten von Gefäßen und Amphoren in der besagten Epoche. Man kann das Wissen in diesem Bereich mit dem Wissen in den Bereichen der Philosophie, des Mythos und des religiösen Kultes, der Archäologie und der politischen Geschichte verbinden und sich anhand dieses Gesamtwissens ein Bild von der »Epoche« sowie ein mehr oder minder konsensuelles Einverständnis über ihren »Geist« schaffen. Wir rekonstruieren somit geistig das Zeitalter und lernen etwas über seine soziale, politische, militärische und kulturelle Wirklichkeit anhand der physischen Überbleibsel seiner Trümmer, seiner erhaltenen Schriften und entdeckten Werke. Im Allgemeinen wissen wir aber nichts (oder doch herzlich wenig) über die Autoren der Schriften, die Schöpfer der Werke und ihre privaten Lebensbedingungen. Sie sind anonym geblieben, nicht nur weil die Geschichte die Erinnerung an ihr physisch-konkretes Dasein eliminiert hat, sondern auch deshalb, weil in den meisten Phasen der Geschichte ihr Stand als Schöpfer (in ihrer Epoche) keiner besonderen Erwähnung, schon gar nicht der Dokumentation »für die Ewigkeit« für würdig erachtet wurde.

Mit anderen Worten: Der soziale Status des Künstlers bedurfte keiner öffentlichen Beziehung zu seiner Subjektivität; was von ihm historisch übrig blieb, ist das objektive Erzeugnis seines Schaffens. Erst in der westlichen Neuzeit begann die Gestalt des Künstlers sich allmählich zur individuellen Erscheinung mit sozial definierter Präsenz zu wandeln. Aber selbst dieses Zeitalter »geizte« noch immer mit der Dokumentation des privaten Lebens großer Künstler; und obwohl wir über gewisse Lebensabschnitte im Leben eines (zu seiner Zeit) sozial angesehenen Künstlers vom Range eines Rembrandt unterrichtet sind – was wissen wir wirklich über die Gedanken, Ansichten und Gefühle dieses Genies? Was wissen wir darüber, wie seine Lebensumstände sein Werk beeinflussten? Es sind ja kaum zwei, drei Sätze erhalten geblieben, die er geäußert haben soll, und selbst sie sind uns aus zweiter Hand überliefert worden. Rembrandt hat uns nichts schriftlich hinterlassen, und niemand zu seiner Zeit wäre auf die Idee gekommen, ihn für nachkommende Generationen zu »interviewen«. Alles, was wir über Rembrandts Denken, über seine Weltsicht und seine Gefühle wissen, lernen wir aus seinen Kunstwerken, einzig aus ihnen erschließt er sich uns. Erst im modernen Zeitalter, welches das Individuum (und mit ihm den individuellen Künstler) zu seinem prononcierten Ideal erhob, begann das Interesse an den Existenzbedingungen des (bewunderten) Künstlers zuzunehmen, mithin auch der Diskurs über den Künstler als Teil einer Bewegung, einer Schule, eines Kulturfeldes, ein Diskurs, der nicht nur Wissen über den Kontext von Künstlern und ihrer Kunst, sondern auch eine Menge Aussagen der Künstler über sich selbst, über ihr Werk und ihre Lebensumstände hervorbrachte.

Zum anderen (und als komplementärer Aspekt desselben Arguments) darf behauptet werden, dass, selbst wenn man die objektive Schwierigkeit der historisch fehlenden Information über Kulturschöpfer umgeht und erklärt, dies ändere letztlich nichts am Wesen des Konnex von Werk und Person, welchen man ja hätte nachweisen können, wenn das nötige (heteronome) Wissen dazu zur Verfügung stehen würde, sich dieser Konnex, wo man ihn empirisch prüfen kann, oft genug als widersprüchlich erweise. Dutzende von Beispielen in der Neuzeit und der Moderne bezeugen, dass zwischen gewissen Elementen in der Biografie des Schöpfers, einschließlich seiner Ansichten, Werte und Gefühle in diversen Bereichen, und seinem künstlerischen bzw. geistigen Werk kein zwangsläufig kohärenter Kausalnexus besteht, jedenfalls keiner, der eine automatische Schlussfolgerung aus einer Sphäre im Dasein des Schöpfers auf eine andere ermöglichte. So ist etwa der obsessive Antisemitismus des französischen Schriftstellers Louis-Ferdinand Céline bekannt. So rabiat und aggressiv war sein Hass auf Juden, dass selbst der den Nazis nahe Ernst Jünger seinen Abscheu vor ihm äußerte, nachdem er dessen antisemitische Tiraden bei einer Begegnung im besetzten Paris gehört hatte. Nichts aber von dieser psychischen Pathologie Célines findet seinen Ausdruck in seinem Meisterwerk *Reise ans Ende der Nacht*, einem Roman, von dem nicht von ungefähr behauptet worden ist, er sei »eines der bedeutendsten und interessantesten literarischen Werke des 20. Jahrhunderts«. Wohl wahr, man hat in diesem Werk auch ein erhebliches Maß an Misanthropie ausgemacht; aber man wird auch zugeben müssen, dass diese Misanthropie letztlich vom widerständischen Entsetzen Célines vor den Schrecknissen der Moderne herrührte, und dass gerade er den Aufschrei des Ekels und der Wut angesichts des Grauens des Krieges und der dieses Zeitalter kennzeichnenden Entfremdung und Einsamkeit beeindruckenden Ausdruck verlieh.

Offenbar ist Misanthropie im Allgemeinen kein allzu brauchbares Kriterium für den Nachweis eines Zusammenhangs von Werk und Person: Arthur Schopenhauer zeichnete sich durch ein solches Maß an Unerträglichkeit für seine Umwelt und misanthropischer Empfindungen ihr gegenüber aus, dass selbst seine Mutter ihn nicht ertragen konnte und ihn ihres Hauses verwies. Es erweist sich gleichwohl, dass Schopenhauers Denken unter anderem von den indischen *Upanishaden* zutiefst beeinflusst war, ein Einfluss, der sich vor allem in der Transformation des individuellen Willens und seiner harmonischen Integration im alles bewegenden kosmischen Willen niederschlug, woraus (über einige gedankliche Umwege) letztlich auch seine berühmte Mitleidsphilosophie hervorging; man geht nicht fehl in der Behauptung, dass es sich um die bedeutendste westliche säkulare Philosophie des empathischen Mitgefühls handelt – eine Eigenschaft, die Schopenhauer selbst nicht gerade auszeichnete.

So darf auch festgestellt werden, dass sich von Heideggers (zeitweiliger) Affinität zum Nazismus nichts über sein Werk *Sein und Zeit* (1927), eine der einflussreichsten philosophischen Schriften im 20. Jahrhundert, ableiten lässt; auch nicht vom jähzornig-gewalttätigen (gar mörderischen) Charakter Caravaggios auf seine bahnbrechende Kunst und die tiefe Spuren, die sie in der Geschichte der westlichen Malerei hinterlassen hat; oder etwa von Althussers Erdrosselung seiner Frau im Jahr 1980 auf die Bedeutung seines marxistischen Denkens; die Liste solcher – mehr oder minder extremer – Beispiele ließe sich erheblich verlängern. Aber selbst wenn sich gewisse biographische Elemente im Werk des Künstlers finden, ist ganz und gar nicht ausgemacht, wie diese zusätzliche biographische Information uns (über die schiere Neugier oder die Befriedigung von fetischistischen Klatschbedürfnissen hinaus) bei der Erschließung des Werks und seiner Bewertung behilflich zu sein vermag. Ist es unentbehrlich zu wissen, dass Dostojewski selbst ein süchtiger Spieler war, um das Wesen der tragischen Leidenschaft seines Romanhelden in *Der Spieler* und die überindividuellen Aussagen, die er durch diese gequälte Gestalt zu vermitteln trachtet, rezipierend zu begreifen? Ist der Stellenwert der Epilepsie im literarischen Dasein des Fürsten Myschkin in Dostojewskis *Der Idiot* bedingt durch das Wissen darum, dass der Autor selbst ein Leben lang an dieser schrecklichen Krankheit litt? Sind *Die Leiden des jungen Werthers* uns zugänglicher und verständlicher, wenn wir über das Liebesleid des jungen Goethe lesen (der sie übrigens im Gegensatz zu seinem Romanhelden in einer Weise überwunden hat, welche die Affinität zwischen dem Leben und der literarischen Fiktion infrage stellen möge; Goethe hat ja immerhin keinen Selbstmord begangen)? Müssen wir wissen, dass Beethoven ein Kind der Aufklärung und begeisterter Anhänger der Ideen der Französischen Revolution war, um die emanzipatorische Botschaft seiner Neunten Symphonie zu erfassen? Reicht nicht ihre musikalische Formüberbietung aus, die sie bezeugt, zumal die revolutionäre Formüberbietung auch Schillers *Ode an die Freude* enthält? Als Thomas Manns Tagebücher veröffentlicht wurden, stellte sich heraus, dass es für Tadzio, den polnischen Jungen aus Manns *Der Tod in Venedig*, ein reales biographisches Vorbild gab: Der homoerotisch veranlagte Thomas Mann fühlte sich im Jahr 1911, während eines Aufenthalts auf dem Lido von Venedig, zu einem polnischen Jüngling namens Władysław Moes hingezogen, der ihm späterhin als Modell für die literarische Figur Tadzios diente. Worin bereichert uns diese Information in Bezug auf die Novelle und ihre gehaltlichen Aussagen? Und ist es Zufall, dass der Regisseur Luchino Visconti, als er sich in den Sechzigerjahren daranmachte, Manns Novelle zu verfilmen, und in ganz Europa nach einer Jünglingsgestalt suchte, die dem Ideal seiner visuellen Imagination entsprechen würde, ganz bewusst von einer Begegnung mit Władysław Moes – damals schon ein alternder Mann – absah, damit ihn die historische Realität nicht bei der filmischen Gestaltung seines Ideals störe?

Es sei wiederum hervorgehoben: Nichts ist auszusetzen an zusätzlicher kontextueller Information über den Künstler und seine schöpferische Praxis. Im Gegenteil, je mehr wir wissen, desto mehr können wir die Erschließung des historischen Umfelds des Werks erweitern, mithin bereichernde Einsichten über seinen Entstehungskontext und seine Rezeptionsmuster gewinnen (darüber mehr weiter unten). Es sei indes ebenso hervorgehoben, dass ein solcher Informationszusatz keine notwendige Bedingung für die Begegnung mit dem Werk selbst darstellt; wo das historisch-kontextuelle Wissen sich als notwendig für die Werkerschließung erweist, ist dieses Wissen integraler Bestandteil des Werks – ob als ein reflexives Element in ihm oder als integraler Bestandteil der Ausdruckmittel, deren sich das Werk bedient: Der historische Kontext der napoleonischen Invasion in Russland ist ein untrennbarer Faktor von Tolstois *Krieg und Frieden*, wie denn die Realität des Zweiten Weltkriegs als Matrize der der leverkühnschen Lebensgeschichte zugrunde liegenden Logik in Thomas Manns *Doktor Faustus* dient. Ist es daher erforderlich, etwas über den napoleonischen Krieg im Falle Tolstois und über den Nazismus im Falle Manns zu wissen? Ja, selbstverständlich – und die Autoren selbst indizieren dies in ihren Werken. Muss man etwas von Beethovens Taubheit wissen, wenn man seine späten Streichquartette hört? Vielleicht – wenn dies dazu beitragen kann, den deutlich meditativen Charakter dieser Werke als Zeugnis des zunehmenden Rückzugs des unglücklichen Komponisten in seine innere Welt zu begreifen. Auf keinen Fall darf dies aber zur notwendigen Bedingung für die deutende Rezeption jener meditativen Elemente erhoben werden; sie manifestieren sich im Werk, und im Werk selbst ist man angehalten, sie zu erkennen und zu erleben (mit oder ohne Wissen um das besagte biographische Detail). Ist es wichtig zu wissen, dass Brecht beim Verfassen seiner Stücke sich auf Hilfe der Frauen in seinem Leben stützte, von ihnen gar Ideen und Texte »stahl« (insofern diese Beschuldigung zutrifft)? Überhaupt nicht. Die Einschätzung der Qualität dieser Werke, ihre Errungenschaften und Mängel müssen von diesem Wissen unberührt bleiben – das Wissen ist selbstverständlich relevant, um den Frauen historische Gerechtigkeit widerfahren zu lassen, um einen Eindruck von Brechts persönlichem Charakter zu gewinnen, auch um zum tieferen Verständnis der Diskriminierungsstrukturen und -muster der Frauen in der Weltkulturgeschichte zu gelangen. Aber es kann auf keinen Fall die ästhetische Qualität der Werke erschüttern, schon gar nicht den Einfluss ihrer Formen und Inhalte auf den Rezipienten, so wie der hedonistische Charakter der Person Brechts und die ihm nachgesagte persönliche Geldgier nicht die Bedeutung des marxistischen Gehaltes dieser Werke zu mindern vermögen.

Der Fall Wagner ist ein Paradebeispiel für den hier erörterten Zusammenhang, ist aber bereits gesondert behandelt worden. Grundsätzlich gilt es jedoch, das Problem des Verhältnisses von Werk und Person unter einem Wagners Fall überschreitenden Aspekt anzuvisieren, nämlich dem des zwischen dem Werk (und mutatis mutandis seinem Schöpfer) und seiner historischen Rezeption herrschenden Verhältnisses. Was besagt es, dass Wagners Werk von Hitler bewundert wurde und sein Regime gerade diesem Werk als außerordentlicher Manifestation deutschen Schöpfertums huldigte? Sagt es etwas über das Werk als solches, mithin über seinen Schöpfer aus? Um sich der Antwort auf diese Frage zu nähern, lohnt es sich, die Rezeptionsgeschichte eines anderen berühmten musikalischen Werks aus der Feder eines weniger kontroversen deutschen Künstlers anzuschauen – Beethovens Neunter Symphonie.

Dieses grandiose Werk war von Anbeginn in außermusikalische Zusammenhänge eingetaucht. Nicht nur führte Beethoven – erstmalig und revolutionär – Verbal-Begriffliches in ein traditionell rein instrumentelles musikalisches Genre (die Symphonie) ein, sondern er wählte zu diesem Zweck Schillers *Ode an die Freude*, ein die menschlichen Ideale der westlichen Aufklärung euphorisch zelebrierendes Poem – keine Selbstverständlichkeit in dem nach dem Wiener Kongress in Europa vorherrschenden restaurativen politischen Klima. Die im Jahre 1824 uraufgeführte Symphonie widmete Beethoven dem preußischen König Friedrich Wilhelm III, eine Verwunderung auslösende Widmung gemessen daran, dass dieser Regent sich durch keine künstlerischen Neigungen auszeichnete und, obgleich während seiner Amtszeit progressive politische Reformen ins Leben gerufen wurden, er selbst sich von ihnen distanzierte und sich gerade durch Verfolgung von Intellektuellen und emanzipatorisch gesinnten politischen Akteuren hervortat. Allerdings geht es hier nicht darum, was zu seiner Zeit noch in Beethovens Hand hätte liegen können, sondern darum, was seinem Werk in den 180 Jahren nach seinem Tod widerfuhr. Es handelt sich zweifellos um eines der bedeutendsten Werke der gesamten symphonischen Literatur, ein Werk, das die Entwicklung dieses Genres im 19. Jahrhundert zutiefst beeinflusste und dessen Auswirkungen sich selbst noch in den modernen musikalischen Umwälzungen des 20. Jahrhunderts ausmachen lassen. Es erfreute sich, nicht zuletzt wegen der *Ode an die Freude*, einer fortwährenden Popularität beim Publikum und erfuhr zahllose exzellente Aufführungen. Es war freilich ebendiese Popularität, die unterschiedliche politische Regime mit diametral entgegengesetzten Ausrichtungen veranlasste, das Werk, besonders aber den hymnischen

Choral des letzten Satzes als eine Art Symbolisierungsmatrize der national-kollektiven Identität zu »adoptieren«. Erwähnt seien unter ihnen Russland und China, Rhodesien, das zwischen 1974 und 1979 die Melodie als seine Nationalhymne übernahm (mit dem neuen Text »Rise O Voices of Rhodesia«), oder etwa zuletzt Kosovo, der nach seiner Unabhängigkeitserklärung im Februar 2008 die »Europa-Hymne« zu seiner provisorischen Nationalhymne erkor. Der Choral der Neunten Symphonie wurde 1972 zur offiziellen Hymne Europas erklärt und 1985 wieder zur Hymne der Europäischen Union. In den olympischen Spielen von 1956, 1960 und 1964 erschienen beide damaligen deutschen Staaten mit einer gemeinsamen olympischen Mannschaft zu ihren Klängen. Es war Beethovens Neunte Symphonie, die im letzten Staatsakt der DDR am 02.10.1990, am Vorabend der Vereinigung beider deutschen Staaten, aufgeführt wurde; und in der Aufnahme der Aufführung der Symphonie unter der Leitung von Leonard Bernstein anlässlich des Vereingungsaktes selbst wurde »Ode an die Freude« in »Ode an die Freiheit« umgewandelt. Mehr noch: Das Werk errang sogar die staatsoffizielle Anerkennung des NS-Regimes, und es kam wohl nicht von ungefähr, dass gerade diese Symphonie gewählt wurde, um mit den Berliner Philharmonikern unter der Leitung von Wilhelm Furtwängler Hitlers Geburtstag im Jahr 1942 zu zelebrieren – eine Ausführung, die übrigens als eine der herausragendsten und anrührendsten, die das Werk je erfahren hat, in die Musikgeschichte eingegangen ist, sei es als Festakt zu Ehren des Regimes und seiner Befeierung oder sei es als künstlerischer Protestakt gegen den verruchten Staat (die Wertinhalte dieser Symphonie standen ja der Weltanschauung derer, die sie bei jener Aufführung, welche in makabrer Weise pseudokulturelle Herrschaft mit herrschaftskritischer Kultur miteinander verband, für sich vereinnahmten, diametral entgegen).

Es erhebt sich indes die Frage, welchen Anteil Beethoven an der Rezeption seiner hochgerühmten Schöpfung hat. Kann man ihn mit dem divergenten Verlauf ihrer Rezeption in Verbindung bringen? Gemeint ist bei dieser Frage nicht die Person Beethovens, sondern der Künstler Beethoven, der sich in diesem bestimmten Werk mitteilte. Die Frage muss prinzipiell beantwortet werden: Insofern der innere Code des Werks mit dem Spektrum seiner Deutungen und Bewertungen im Verlauf seiner Wirkungsgeschichte übereinstimmt, darf behauptet werden, dass die »Verantwortung« des Künstlers für die Werkrezeption sich in dem manifestiert, was er in seiner künstlerischen Schöpfung zur Perzeption, Deutung und Rezeption aufgeboten hat, das heißt, in der spezifischen Materialanordnung des Werks, in der eigentümlichen Verwendung der dem Werk eigenen Ausdrucksmittel, in der originellen Entwicklung der ihm zugrunde liegenden Ideen und in der Handhabung des Verhältnisses von Form und Inhalt. Wenn demgegenüber der innere Code des Werks nicht mit seiner Rezeptionsweise übereinstimmt oder gar in einem deutlich widersprüchlichen Gegensatz zu Inhalten und Mustern seiner Rezeption steht, erhebt sich die Frage, inwieweit das Werk selbst Elemente in sich birgt, die es offen (oder latent) für falsche oder gar verzerrte Deutungen empfänglich machen. Wenn sich derartige Elemente nicht ausmachen lassen – es ist beispielsweise nur schwer vorstellbar, dass etwas in Beethovens Neunter Symphonie, ihrer inneren künstlerischen Intention nach, die Befeierung des nazistischen Schreckensregimes zu bedienen vermöchte –, dann darf man davon ausgehen, dass es sich um eine verwerfliche Benutzung des Werks für heteronome, dem Werk zutiefst fremde Zwecke handelt. Das Problem vertieft sich freilich, wenn das Werk selbst Elemente in sich birgt, welche die Möglichkeit seiner Entstellung öffnen und verfestigen. Wohl wahr, ein großes Unrecht widerfuhr Nietzsche, als seine Schwester Elisabeth Passagen in seinem Werk in einer Weise verzerrte, die es den Nazis erleichterte, diese für sich ideologisch zu verwenden. Die Frage ist nicht, ob Nietzsche das Grauen des »Herrenrasse«-Regimes als historische Manifestation seines »Herrenmoral«-Gedankens akzeptiert hätte (er dürfte es zutiefst verabscheut haben), sondern inwieweit das »Herrenmoral«-Konzept tendenziell empfänglich ist für Entstellungen im Geiste der »Herrenrasse«-Ideologie. Es stellt sich nicht die Frage, ob Marx' *Zur Judenfrage* antisemitische Elemente enthält (Marx' Kritik war gegen »den Juden« als paradigmatische Gestalt der Zirkulationssphäre, um welche es ihm letztlich ging, gerichtet), sondern inwieweit der Sprachduktus, den er bei der Charakterisierung der Juden im Stande ihrer Unfreiheit verwendete, das (wie immer unbeabsichtigte) Potential der krassen antisemitischen Instrumentalisierung der Marxschen Aussagen aufweist.

Über die bewusste Entstellung problematischer Elemente im Werk hinaus ereignet sich im Rezeptionsverlauf großer Kunstschöpfungen etwas, das das Werkoriginal vom kulturellen Leben in nachmaligen Generationen, mithin vom Leben seines Schöpfers zwangsläufig loslöst. Zum einen: Insofern das Kunstwerk – mit Umberto Eco gesprochen – als »offen« begriffen wird, verändern sich seine Deutungsweisen im Laufe der Zeit und »verändern« dabei das Werk bis hin zur möglichen Loslösung von der ursprünglichen, späterhin kanonisch-konsensuell verfestigten Intention des Autors. Dies betrifft in erster Linie aufgeführte Werke: Es versteht sich von selbst, dass Bach von Glenn Gould nicht mehr Bach von Wilhelm Backhaus sein kann; Wagners »Ring des Nibelungen« von Patrice Chéreau und Pierre Boulez von 1976 ist Lichtjahre entfernt von der Werkauffassung des Komponisten hundert Jahre zuvor; der Shakespeare der Shakespeare-Zeit ist von

Grund auf verschieden von dem des beginnenden 21. Jahrhunderts. Dies trifft im Allgemeinen auch auf nichtperformative Kunst zu. Der von uns begangene hermeneutische »Raub« beim schieren Lesen des (literarischen) Textes – die sich an ihm vollziehende »Veränderung« im Prozess seiner Verarbeitung durchs Lesen – ist gänzlich abhängig von zeitlichen Zusammenhängen wie auch von wandelbaren subjektiven Erfahrungen: Wir sehen uns gezwungen, die sensuelle Dekodierung der Fresken Michelangelos in der Sixtinischen Kapelle zu revidieren, nachdem ihr unglaublicher farblicher Reichtum mit den umfassenden Restaurationsarbeiten, die an ihnen vorgenommen wurden, zutage trat. Infolge der Veränderung unserer perzeptuellen Bedürfnisse, die sich vor dem Hintergrund der Revolutionierung cineastischer Ausdrucksmittel, vor allem der Montagetechnik und der clipartigen Bearbeitung dynamischer Szenen, vollzogen hat, kommen uns heute Actionfilme von vor vierzig bis fünfzig Jahren »langsam« vor. Zum anderen: Rezeptionsprozesse von Kunstwerken sind entscheidend von Mechanismen der Erinnerung, Ausgrenzung, Kanonisierung und Konservierung geprägt, wobei der Einfluss des Werks auf diese nicht ausgemacht ist, mithin mag sich der Status des Werks in ihnen längerfristig ändern, auch in den Fällen, bei denen die Vorbildlichkeit des Werks unbezweifelt bleibt. Der Vergleich von Enzyklopädien aus der Wendezeit vom 19. zum 20. Jahrhundert mit Enzyklopädien heutiger Zeit zeigt, dass ganze Wissens-, Informations- und Interpretationskompendien (über das 19. Jahrhundert), die das gängige gebildete Bewusstsein vor hundert Jahren prägten, aus der Bewusstseinssphäre unserer Zeit verschwunden sind, als wären sie nicht »wert«, im kulturellen Kollektivgedächtnis bewahrt zu werden. Demgegenüber stehen die Symphonien Gustav Mahlers, die zu seiner Zeit als allzu provokativ empfunden, mithin sowohl vom Publikum als auch von der Kritik höchst kontrovers rezipiert wurden, fünfzig Jahre lang nach dem Tod des Komponisten nur vereinzelte Aufführungen erfuhren (die Mahler-Hochburgen London und Amsterdam bildeten die Ausnahme), bis ihnen zu Beginn der Sechzigerjahre, von Leonard Bernstein ins Leben gerufen und maßgeblich geprägt, eine Renaissance widerfuhr, sie einen phänomenalen »Siegeszug« begannen und in der heutigen Zeit zu den meistaufgeführten Werken des klassisch-romantischen symphonischen Repertoires zählen. Besonderer Erwähnung ist in diesem Zusammenhang die rund 350 Jahre währende Rezeptionsgeschichte »Rembrandts« würdig: Der holländische Künstler gelangte in den Dreißigerjahren des 17. Jahrhunderts zu Ruhm und avancierte zu einem der meistgefragten Portraitmaler Amsterdams. Aus Gründen, die unter anderem mit radikalen Formüberbietungen in seinen Gemälden zu tun hatten, wurde sein künstlerisches Renommee (mithin sein sozial-ökonomischer Status) zutiefst erschüttert, sodass er sich gezwungen sah, das letzte Drittel seines Daseins unter relativ ärmlichen Verhältnissen zu fristen – nicht gänzlich vergessen, aber definitiv ohne die ihm in der mittleren Phase seines Lebens zuteil gewordene Anerkennung und Ruhm. Verfolgt man die Rezeption des rembrandtschen Werks in den 150 Jahren nach seinem Tod (im Jahr 1669), stellt sich heraus, dass, obwohl seine Zeichnungen und Radierungen noch gut im Handel liefen, er also nie ganz vergessen worden war, sein malerisches Werk im kulturellen Gedächtnis jener Zeit zunehmend verblasste und schließlich fast gänzlich verschwand. Eine beeindruckende Wende in diesem Prozess vollzog sich während der deutschen Romantik, im ersten Drittel des 19. Jahrhunderts – nicht zuletzt infolge der philosophisch-kulturellen Bezugnahmen von Geistesgrößen wie Goethe und Hegel auf den holländischen Meister –, eine Wende, die sich im Verlauf des Jahrhunderts zunehmend auflud, bis sie schließlich zum regelrechten (deutschen) Rembrandt-Kult gerann. Interessanterweise basierte dieser Kult nicht nur auf gängigen Mechanismen der Projektion zeitgenössischer Kulturbedürfnisse auf die historischen Werke – Kennzeichen eines jeden Prozesses kultureller Rezeption –, sondern oft auch auf falschen Fakten und Missverständnissen: Ging man zu Beginn des 20. Jahrhunderts noch von rund 800 originalen Rembrandt-Ölgemälden aus, so sind von ihnen nach den Untersuchungsergebnissen des 1968 begonnenen Rembrandt Research Projects weniger als 300 Gemälde geblieben, die als Rembrandt-Originale gelten dürfen. Es gibt wenige Fälle, in denen die Relativität des Kanonisierungsprozesses meisterlicher Kunst (mithin das unsichere Fundament, auf dem der Konnex zwischen dem Künstler und der Rezeptionsgeschichte seines Werks steht) in so eklatanter Weise offengelegt und desavouiert worden ist wie in diesem Fall eines der größten Künstler aller Zeiten.

Angesichts solcher struktureller Wirrungen von Rezeptionsprozessen in der Kunst- und Kulturgeschichte stellt sich also die Frage: Was lässt sich in diesem speziellen Zusammenhang über die Rezeption Wagners sagen? Bazon Brock hat hierfür eine interessante Antwort parat. Mit Bezug auf die erste Studioeinspielung der »Walküre« durch Bruno Walter im Wien des Jahres 1935 schreibt er, dass diese Einspielung ursprünglich für Berlin geplant gewesen sei. Da aber die Musiker dem Hitlerregime aus rassistischen Gründen nicht mehr genehm waren, wären sie im Wiener Exil darangegangen, die Einspielung als künstlerischen Protest gegen die Einvernahme Wagners durch die NS-Ideologie anzulegen. Brock fragt,

> ob ein- und dieselbe Partitur, ein- und derselbe Text einmal als Ausdruck des Widerstandes gegen die Nazidiktatur inszeniert werden kann, und zum anderen,

> wie Hitler mehrfach bekundete, als Ausdruck der reinsten und geheimsten geschichtlichen Logik der Weltbeherrschungspläne germanischer Herrenmenschen ins Spiel gebracht werden kann. Geht das zusammen? Ist das nicht bloß frommer Wunsch, Wagners Werk von Hitler zu befreien […]? Sollte nicht langsam klar sein, dass solche ›Reinwäsche‹ dem Werk Wagners, vor allem dem Ring, gerade die Bedeutung nimmt, die sie in der Geschichte der Deutschen gehabt hat? Sie verstanden das Wagner-Werk, wie auch immer begründet, als reinste Ausprägung ihrer Weltmission, wie auch als Beweis für deren notwendigen und tatsächlich eingetretenen Zusammenbruch. Der Ring stimulierte politische und kulturelle Größenphantasien und trug doch wesentlich zu deren Aufhebung bei.

So interessant Brocks Postulat sein mag, löst es das von ihm angesprochene Problem nicht, sondern vertieft es gerade noch. Kann »ein- und dieselbe Partitur« (als reale Praxis) diametral entgegengesetzte ideologische Bedürfnisse bedienen? Sie kann es selbstverständlich, wie man am (weniger kontroversen) Fall von Beethovens Neunter sehen kann. Niemand käme auf die Idee, Bruno Walter und Adolf Hitler demselben politisch-ideologischen Lager zuzuzählen, und dennoch sind beide von Wagners Werk begeistert. Stimmt Walters Interpretation der »Walküre« mit dem inneren Code des Werks überein? Kann man von ebendiesem Code auch die Begeisterung Hitlers für Wagners Werk ableiten? Das sind Fragen, die anhand der inneren Logik des Werks im Spiegel ihrer immanenten Grundlagen, welche es für solch polarisierte Deutungen anfällig werden lassen, zu überprüfen wären. Zugleich lässt sich aber auch feststellen: Insofern »die Deutschen« auf Wagners Werk Besagtes projizierten (und Brock zufolge haben sie offenbar gegensätzliche Deutungen darauf projiziert), besagt dies primär etwas über ihre projektiven ideologischen Bedürfnisse, nicht zwingend aber etwas über das Werk selbst beziehungsweise über dessen inneren Code aus, was wiederum die höchst heterogene Rezeptionsgeschichte der Neunten Symphonie Beethovens unabweisbar bezeugt.

»Dreigestirn ewig verbundener Geister« und die Folgen

Gegen Ende des Ersten Weltkriegs, im Jahr 1918, veröffentlichte Thomas Mann sein bemerkenswertes Buch *Betrachtungen eines Unpolitischen*, welches in den Kriegsjahren seit 1915 entstanden war. Es handelt sich um ein fast 600 Seiten starkes Konvolut, welches er als Reaktion auf die Haltung seines Bruders, Heinrich Mann, begonnen hatte, das sich aber dann zu einer weit ausgreifenden, ja ausufernden Polemik entwickelte, wobei eine grandiose Apologie des Krieges, gegen welchen sich sein Bruder mit nicht minderer politischer Verve zu Wort gemeldet hatte, zustande kam. Bemerkenswert ist das Buch, weil der Autor sich kurze Zeit nach seinem Erscheinen von ihm zu distanzieren begann, das aber, wovor er sich distanzieren zu sollen meinte, eine kohärente, wohl durchdachte Weltanschauung bildete, mitnichten eine spontane Auslassung, die man »mal so« in der Hitze des Gefechts loswird. Der Streit Thomas Manns mit seinem Bruder Heinrich war von einem Fundament deutscher Ideologie der Moderne unterfüttert, das diesem erbitterten Bruderzwist nahezu überindividuellen paradigmatischen Charakter verlieh. Denn die über dreihundert Jahre währende »Erbfeindschaft« zwischen Deutschland und Frankreich kulminierte, nicht zuletzt infolge der Französischen Revolution, in der ideologischen Gegenüberstellung von »Zivilisation« (für welche Frankreich stand) und »Kultur« (Deutschlands Prädikat), wobei diese Begriffsparolen, zumindest auf deutscher Seite, durchaus ernst gemeinte Kampfstellungen meinten, zugleich aber auch eine Art kulturelle Kompensation für Deutschlands Defizite in der modernen politischen (und letztlich auch ökonomischen) Entwicklung gegenüber Frankreich boten. Das, was man späterhin den »deutschen Sonderweg« nannte, bedurfte nicht nur im Nachhinein der Rechtfertigung; das Grundmuster dieser Rechtfertigung zu einer Zeit, als die deutsche Einheit und die Konsolidierung des deutschen Staates als Heimstätte der deutschen Nation noch in beträchtlicher Ferne lag, manifestierte sich in der Zivilisation-Kultur-Dichotomie im Sinne einer eigens produzierten ideologischen Selbstgewissheit: Ihr Franzosen befasst euch mit minderwertiger Zivilisation – Wirtschaft und politischer Empörung. Wir Deutsche haben Geist und Kunst, wir sind die »Kulturnation«.

Wenn also Thomas Mann seinen Bruder als »Zivilisationsliteraten« apostrophierte und angriff, warf er ihm letztlich Verrat vor, Verrat an einem »Deutschtum«, das mit den demokratischen Grundsätzen von Frankreich, England und den USA schlechterdings unvereinbar sei. Er betonte diese polarisierte Unterscheidung immer wieder:

> Der Unterschied von Geist und Politik enthält den von Kultur und Zivilisation, von Seele und Gesellschaft, von Freiheit und Stimmrecht, von Kunst und Literatur; und Deutschtum, das ist Kultur, Seele, Freiheit, Kunst und nicht Zivilisation, Gesellschaft, Stimmrecht, Literatur.

Mit Berufung auf geistige Heroen des Kaiserreichs wie Julius Langbehn, Paul Anton de Lagarde (auch Arthur Moeller van den Bruck wäre späterhin hinzuzuzählen) erwies sich Mann als potenter Vertreter der sich im 19. Jahrhundert ausreifenden völkischen Ideologie und dessen, was sich zu seiner eigenen Zeit als die (späterhin so genannte) »Konservative Revolution« ausbreitete. Mit der Vorstellung, dass in »Deutschlands Seele [...] die geistigen Gegensätze Europas ausgetragen« werden, fuhr er schwere Gesinnungsgeschütze auf: Die Ideen der Französischen Revolution (und ohnehin das Geschichtsereignis selbst) werden verworfen (so auch die Weimarer Republik):

> Ich bekenne mich tief überzeugt, dass das deutsche Volk die politische Demokratie niemals wird lieben können, aus dem einfachen Grund, weil es die Politik selbst nicht lieben kann, und dass der vielverschrieene »Obrigkeitsstaat« die dem deutschen Volk angemessene, zukömmliche und von ihm im Grunde gewollte Staatsform ist und bleibt.

Nicht Freiheit, Gleichheit, Demokratie, Zivilisation und Fortschritt, sondern der Glaube an Gott, mithin der an die Liebe, an das Leben und die Kunst seien zu verteidigen; der argen Verwerflichkeit der Politik wird das Ästhetische entgegengehalten, dem versöhnlichen Pazifismus gegenüber die Verherrlichung des Krieges; Leiden, Demut, Dienen und Gehorsam werden gepriesen:

> [I]ch hasse den Glauben an die Politik, weil er dünkelhaft, doktrinär, hartstirnig und unmenschlich macht. Ich glaube nicht an die Formel für den menschlichen Ameisenbau [...], glaube nicht an die république démocratique, sociale et universelle, glaube nicht, dass die Menschheit zum »Glück« bestimmt ist, noch, dass sie das Glück auch nur will, – glaube nicht an den »Glauben«, sondern eher noch an die Verzweiflung, weil sie es ist, die den Weg zur Erlösung frei macht, glaube an die Demut und die Arbeit, – die Arbeit an

sich selbst, als deren höchste, sittlichste, strengste und heiterste Form die Kunst mir erscheint.

So manches Konservative und Reaktionäre mehr wäre dem hinzuzufügen. Es darf allerdings nicht der falsche Eindruck entstehen: Mann vergeudet sich nicht an borniertem Herumschleudern von Slogans und Parolen. Das Beklemmende an diesem Werk ist gerade seine Hochkarätigkeit im Denken – ein falsches Denken zwar, wie Mann sehr bald selbst einzusehen begann, aber in diesem Falschen auf höchstem geistigen, literarischen und stilistischem Niveau; es ist ein Werk genuiner Emphase, das ein ernstes bzw. als ernst empfundenes Anliegen vorzutragen bestrebt ist. Es ringt dem Leser unweigerlich Respekt ab. Aber es bestürzt eben auch, dass dieses Buch der Feder des Autors von *Doktor Faustus*, dem wohl brisantesten literarischen Werk der Abrechnung mit dem in der nazistischen Katastrophe kulminierenden »deutschen Sonderweg«, entstammte. Dem Autor von *Deutsche Hörer!*, dem »Unpolitischen«, der Deutschland verließ, um nie wieder in ihm sesshaft zu werden.

Für den hier erörterten Zusammenhang ist allerdings von besonderer Bedeutung, dass Mann von einem »Dreigestirn ewig verbundener Geister« spricht, von Schopenhauer, Wagner und Nietzsche als »Fundamente meiner geistig-künstlerischen Bildung«. Dies gilt es im Folgenden zu erörtern.

Als Wagner 1854 mit der Lektüre von Schopenhauers Hauptwerk begann, waren »Tannhäuser« (1845) und »Lohengrin« (1850) bereits uraufgeführt und die »Ring«-Dichtung vollendet (1852). Wenn also Schopenhauer für Wagner damals höchste Bedeutung gewann, so liegt es vor allem daran, dass er in dessen Philosophie den systematischen Ausdruck einer Weltanschauung fand, der er nach eigenem Bekunden schon seit Langem intuitiv anhing. In

Die Welt als Wille und Vorstellung hatte Schopenhauer einen »unbewussten Weltwillen« postuliert, einen raum-, zeit- und grundlosen, also blinden, irrationalen Willen, dem die Vernunft in all ihren Formen und Wirkungen untergeordnet ist. Die Welt ist weder logisch noch unlogisch, sondern alogisch. Der Wille an sich ist bewusstlos; sein Austritt aus der Bewusstlosigkeit ist nur sporadisch und kurz:

> Aus der Nacht der Bewusstlosigkeit zum Leben erwacht findet der Wille sich als Individuum in einer end- und grenzenlosen Welt unter zahllosen Individuen, alle sterbend, leidend, irrend; und wie durch einen bangen Traum eilt er zurück zur alten Bewusstlosigkeit.

Weil der so beschaffene Wille unendlich ist, kann er nur zeitweilig und eben nur vermeintlich befriedigt werden. In diesem Streben nach Befriedigung des Willens, die aber keine wirkliche sein kann, sieht Schopenhauer die Ursache menschlichen Leids. Der in seinen Trieben und Leidenschaften gefesselte Mensch kann keine dauernde Ruhe, kein permanentes Glück erlangen; einem jeden befriedigten Begehren folgt ein neues, jeder gestillte Schmerz wird durch einen nächsten ersetzt. Glück ist nichts als Abwesenheit von Schmerz; das Leben zeichnet sich stets durch Qual, Einsamkeit, Langeweile, Krieg und Zerstörung aus, denn das ist das Grundverhältnis der conditio humana:

> Also die Belehrung, welche jedem sein Leben gibt, besteht im Ganzen darin, dass die Gegenstände seiner Wünsche beständig täuschen, wanken und fallen, sonach mehr Qual als Freude bringen, bis endlich sogar der ganze Grund und Boden, auf dem sie sämtlich stehen, einstürzt, indem sein Leben selbst vernichtet wird

> und er so die letzte Bekräftigung erhält, dass all sein Streben und Wollen eine Verkehrtheit, ein Irrweg war.

Diese düstere Sicht der Welt, die späterhin als Kulturpessimismus apostrophiert werden sollte, ist für Schopenhauer keine Frage der Interpretation; für den Menschen ist das Leiden an der Welt prädeterminiert, weil er sich der unablässigen Vorherrschaft des blinden Willens letztlich nicht entwinden kann. Schopenhauer ist rigoros in seinem Pessimismus. Entsprechend kritisiert er auch Leibniz' Postulat von der »besten aller möglichen Welten«:

> Sogar aber lässt sich den handgreiflich sophistischen Beweisen Leibnizens, dass diese Welt die beste unter den möglichen sei, ernstlich und ehrlich der Beweis entgegenstellen, dass sie die schlechteste unter den möglichen sei. Denn ›möglich‹ heißt nicht, was einer etwa sich vorphantasieren mag, sondern, was wirklich existieren und bestehen kann. Nun ist diese Welt so eingerichtet, wie sie sein musste, um mit genauer Not bestehen zu können: wäre sie aber noch ein weniger schlechter, so könnte sie schon nicht mehr bestehen.

Wenn der blinde Wille als fundamentale Ursache menschlichen Leids wirkt, kann allein seine Verneinung das Leid zum Erlahmen bringen. In der Willensverneinung liegt für Schopenhauer die prinzipielle Möglichkeit der (wie immer flüchtigen) Befreiung des Subjekts von der Herrschaft des Willens, denn so »[...] kommt der Wille durch seine Objektivation, wie sie auch immer ausfalle, zur Selbstkenntnis, [wird] seine Aufhebung, Wendung, Erlösung möglich«. Schopenhauer erörtert eine ganze Galerie möglicher Willensverneinungen, vom Selbstmord über Askese bis hin zu Formen der Ich-Aufhebung im Buddhismus, die aber hier unbehandelt bleiben mögen. Von besonderer Wichtigkeit für den hier anvisierten Zusammenhangs ist der Stellenwert, den Schopenhauer den Künsten, vornehmlich der Musik, beimisst. Eine schöne Beschreibung der Wirkung von Musik auf den Menschen im Sinne Schopenhauers hat Hans Joachim Störig gegeben: »In der Musik ziehen alle geheimen Regungen unseres Wesens wie ein vertrautes und doch ewig fernes Paradies an uns vorüber. Doch immer nur auf Augenblicke. Die Musik ist nicht die Erlösung aus dem Leben, sondern nur ein schöner Trost in ihm.«

Eine solche Philosophie der Erlösung durch (letztlich vergebliche) Willensverneinung – und erst recht durch eine, welche der Musik eine solche Rolle zuteilt – musste auf Wagner eine ungemeine Anziehung ausüben. Hatte er in seinen Werken nicht einen ähnlichen Weg eingeschlagen, den Weg der Leidenschaft, der Entsagung und des Verzichts? Wagner-Biograph Robert Gutman sieht die Fährten dieses Wegs überall in Wagners Opern:

> Er führt von Eisenach, wo Tannhäuser litt und stritt, zur Burg von Antwerpen, wo Lohengrin der irdischen Freuden entsagte, durch die kornischen Gärten um König Markes Burg, wo Tristan und Isolde ihre Hymnen an das göttliche Vergessen singen, vorbei am feurigen Felsen, an dessen Fuß Wotan nach Selbstvernichtung verlangt; vorbei auch am Nürnberger Schusterladen, in dem Hans Sachs weisen Verzicht leistet, und endet schließlich in Klingsors Zauberreich, wo Parsifal Schopenhauers Erzfeind besiegt – die Sexualität – und sich dadurch für den heiligen Tempel vorbereitet.

Nach der misslungenen Revolution von 1848 stand diese Weltsicht durchaus im Einklang mit der bestehenden sozial-politischen Ordnung. Der Kulturpessimismus, der sich bei Wagner am beredtsten und konsequentesten im »Tristan« und dem »Ring« manifestiert, führt zu keiner sozial-politischen Revolution, zu keiner neuen gesellschaftlichen Ordnung. Er zeitigt eine Flucht ins Außerirdische (»Tristan«) und eine radikale Zerstörung ohne Lösung dessen, was den vernichtenden Ausgang notwendig hat werden lassen (»Ring«). Als dann die »Lösung« im »Parsifal« präsentiert wird, kommt sie religiös daher, als archaische Sendung einer »Erlösung von oben«. Das hat dann freilich mit Schopenhauer nicht mehr viel zu tun. Bei Schopenhauer darf man keine Erlösung erwarten, schon gar keine religiöse im Sinne des christlichen Monotheismus.

Das hat auch Nietzsche zutiefst verstört, und er hat seiner Verstörung emphatischen philosophischen Ausdruck verliehen. Dies gilt es hier anzuzeigen. Zuvor sei aber angemerkt: Wagner darf als das Bindeglied im »Dreigestirn« Schopenhauer-Wagner-Nietzsche angesehen werden. Die enge, viele Jahre dauernde Beziehung zwischen Wagner und dem rund dreißig Jahre jüngeren Nietzsche entstand nicht zuletzt infolge ihrer gemeinsamen Begeisterung für Schopenhauers Philosophie. Wie Wagner war auch Nietzsche von Schopenhauers Willensmetaphysik überzeugt, mithin auch von der Unterordnung der Vernunft unter der Wirkmächtigkeit des blinden Willens. Entsprechend ging der »Philosoph mit dem Hammer« daran, alles, was diesem Kausalnexus zuwiderlief – Primat der Vernunft, Herrschaft der Moral, religiösen Glauben, Aufklärung, Anspruch auf politische und gesellschaftliche Emanzipation und so weiter – übergreifend zu dekonstruieren und seine Triftigkeit zu hinterfragen. Das muss hier unerörtert bleiben. Von Bedeutung ist aber die allmähliche Loslösung Nietzsches von Schopenhauers fundamentaler Kategorie der Willensverneinung – der Wille sei in der Tat als Urgrund alles Seins anzusehen, aber gerade deshalb sei er eben nicht zu verneinen, sondern ganz im Gegenteil zu bejahen: Wo Schopenhauer das menschliche Dasein kulturpessimistisch interpretiert, zelebriert es Nietzsche (bei aller Kritik der kulturellen Verzerrungen des Authentischen in diesem Dasein) lebensbejahend und »optimistisch«. Dass er dabei aristokratisch argumentiert, mithin eine »Herrenmoral« nur wenigen, der großen Masse hingegen eine »Sklavenmoral« beimisst, ändert nichts daran, dass er das Grundpostulat der schopenhauerschen Willensphilosophie in sein Gegenteil verkehrt, somit auch (mit *Zarathustra* und der Vorstellung von der Genese des »Übermenschen«) zumindest ein wenig zur Möglichkeit eines Anderen im menschlichen Dasein öffnet. Mit Schopenhauer teilt Nietzsche auch die Beurteilung des Stellenwerts von Musik. Berühmt geworden ist sein Diktum »Ohne Musik wäre das Leben ein Irrtum«.

Die intime Beziehung zwischen Wagner und Nietzsche hielt lange an, weil sie, wie gesagt, auf einer gemeinsamen geistigen und gesinnungsmäßigen Grundlage basierte, nicht minder aber auch, weil Nietzsches Begeisterung für Wagners Kunst dem höchst ausgeprägten Narzissmus des Meisters entgegenkam. Eine gewisse ödipale Dimension wird in dieser Bindung auch eine Rolle gespielt haben. Umso traumatischer fiel dann die Trennung aus, als für Nietzsche Wagners geistig-ästhetische Werkentwicklung an einen Punkt gelangt war, an welchem er sich Wagners künstlerisch-intellektuelles Schaffen zunehmend entfremdete, bis er es schließlich nicht mehr (er)tragen konnte. Die Trennung fiel Nietzsche außerordentlich schwer; fraglich ist, ob er sie je wirklich überwunden hat. Aber das Großartige an der Verarbeitung von Leid bei (manchen) schöpferischen Genies ist, dass diese Verarbeitung selbst genial ausfallen mag. Das ist der Fall bei Nietzsches kritischer Auseinandersetzung mit Wagner. Sie erstreckte sich über mehrere Schriften: *Der Fall Wagner* war das letzte Werk, das Nietzsche selbst noch 1888, vor seinem geistigen Zusammenbruch, publizierte. Danach erschienen noch *Götzendämmerung* (1889) und *Nietzsche contra Wagner* (1889, die letzte Schrift, die er vor dem Kollaps zu Papier brachte). Posthum erschien 1908 im Auftrag des Nietzsche-Archivs *Ecce Homo*. Unter diesen Schriften seines Spätwerks, die sich allesamt obsessiv dem Thema »Wagner« widmeten, darf *Der Fall Wagner* als herausragend gelten.

Es seien hier zwei Textpassagen daraus in einiger Ausführlichkeit vorgestellt. Die erste betrifft die Geschichte des »Rings« und den Stellenwert der schopenhauerschen Philosophie bei der Metamorphose, die Wagners Weltanschauung durchlaufen hat:

> Wagner hat, sein halbes Leben lang, an die Revolution geglaubt, wie nur irgend ein Franzose an sie geglaubt hat. Er suchte nach ihr in der Runenschrift des Mythus, er glaubte, in Siegfried den typischen Revolutionär zu finden. »Woher stammt alles Unheil in der Welt?« fragte sich Wagner. Von »alten Verträgen«, antwortete er, gleich allen Revolutions-Ideologen. Auf deutsch: von Sitten, Gesetzen, Moralen, Institutionen, von Alledem, worauf die alte Welt, die alte Gesellschaft ruht. »Wie schafft man das Unheil aus der Welt? Wie schafft man die alte Gesellschaft ab?« Nur dadurch, dass man den »Verträgen« (dem Herkommen, der Moral) den Krieg erklärt.

Nietzsche karikiert hier Wagners revolutionäre Vormärz-Vergangenheit unter Anspielung auf die Vertrags-Philosophien der Neuzeit (Hobbes, Locke und Rousseau) und die Vertragslogik der (im Gegensatz zur Gemeinschaft stehenden) modernen Gesellschaft, zugleich aber auch auf das kriminelle Verhalten des vertragsbrüchigen Göttervaters Wotan im »Rheingold«. Den Krieg gegen die alte Vertragsmoral trägt, Nietzsche zufolge, Siegfried aus:

> Er beginnt früh damit, sehr früh: seine Entstehung ist bereits eine Kriegserklärung an die Moral – er kommt aus Ehebruch, aus Blutschande zur Welt [...]. Nicht die Sage, sondern Wagner ist der Erfinder dieses radikalen Zugs; an diesem Punkte hat er die Sage korrigiert [...]. Siegfried fährt fort, wie er begonnen hat: er folgt nur dem ersten Impulse, er wirft alles Überlieferte, alle Ehrfurcht, alle Furcht über den Haufen. Was ihm missfällt, sticht er nieder. Er rennt alten Gottheiten unehrerbietig wider den Leib. Seine Hauptunternehmung aber geht dahin, das Weib zu emanzipieren – »Brünnhilde zu erlösen« [...]. Siegfried und Brünnhilde; das Sakrament der freien Liebe; der Aufgang des goldnen Zeitalters; die Götterdämmerung der alten Moral – das Übel ist abgeschafft.

Nietzsche weist darauf hin, dass das von Wagner hergestellte »Ring«-Libretto dessen radikalen Vorstellungen vom Umsturz angepasst sind, mithin das Nibelungenlied auf eine moderne Revolutionsemphase ausgerichtet wird. Dabei werden unterschiedliche Ebenen der Empörung gegen das Bestehende miteinander vermengt: Revolutionär ist der Inzuchtsakt, aus dem Siegfried hervorgegangen ist; revolutionär ist Siegfrieds instinktgesteuerte Aggression gegen Mime, gegen Fafner, gegen Wotan; revolutionär ist auch die Erlösung Brünnhilds, die Emanzipation der Frau, ja die freie Liebe. Dann aber tritt die Wende ein:

> Wagners Schiff lief lange Zeit lustig auf dieser Bahn. Kein Zweifel, Wagner suchte auf ihr sein höchstes Ziel. Was geschah? Ein Unglück. Das Schiff fuhr auf ein Riff; Wagner saß fest. Das Riff war die Schopenhauersche Philosophie; Wagner saß auf einer konträren Weltansicht fest. Was hatte er in Musik gesetzt? Den Optimismus. Wagner schämte sich. Noch dazu einen

> Optimismus, für den Schopenhauer ein böses Beiwort geschaffen hatte – den ruchlosen Optimismus. Er schämte sich noch einmal. Er besann sich lange, seine Lage schien verzweifelt.

Nietzsche belustigt sich hier über die mit Wagners Rezeption von Schopenhauers Philosophie eintretende Hinwendung vom Optimismus zum Kulturpessimismus. Denn die sogenannte »konträre Weltansicht«, zu der Wagner gelangt war, bedeutete ja nichts anderes, als dass der Befreiungstelos gegen die Ausweglosigkeit aus dem real Bestehenden eingetauscht wird, und wenn dazu noch die Hoffnung, die sich in der revolutionären Emphase widerspiegelt, als »ruchlos« apostrophiert wird, erweist sich die vormalige Gesinnung und der ihr innewohnende Antrieb als Makel. Eine in der Tat verzweifelte Lage, die eine Revision erfordert, um sich ihr entwinden zu können.

> Endlich dämmerte ihm ein Ausweg: das Riff, an dem er scheiterte, wie? Wenn er es als Ziel, als Hinterabsicht, als eigentlichen Sinn seiner Reise interpretierte? Hier zu scheitern – das war auch ein Ziel. Bene navigavi, cum naufragium feci... Und er übersetzte den »Ring« ins Schopenhauersche. Alles läuft schief, alles geht zu Grunde, die neue Welt ist so schlimm, wie die alte: das Nichts, die indische Circe winkt... Brünnhilde, die nach der älteren Absicht sich mit einem Liede zu Ehren der freien Liebe zu verabschieden hatte, die Welt auf eine sozialistische Utopie vertröstend, mit der »Alles gut wird«, bekommt jetzt etwas Anderes zu thun. Sie muss erst Schopenhauer studieren; sie muss das vierte Buch der *Welt als Wille und Vorstellung* in Verse bringen. Wagner war erlöst [...]. Allen Ernstes, dies war eine Erlösung. Die Wohlthat, die Wagner Schopenhauern verdankt, ist unermess-

lich. Erst der Philosoph der décadence gab dem Künstler der décadence sich selbst.

Diese brillante Passage ist ein Meisterstück sarkastischer Ironie, sie bewegt sich auf Heine-Niveau. Mit »tunc bene navigavi, cum naufragium feci« (»Damals bin ich glücklich gefahren, als ich den Schiffbruch erlitt«) aus Schopenhauers Schrift *Über die anscheinende Absichtlichkeit im Schicksale des Einzelnen* parodiert Nietzsche Wagners rationalisierende Umdeutung der (auch historisch-politisch begründeten) Gesinnungs-Sackgasse, in welche dieser geraten war, in einen gleichsam vorsehungshaft vorgegebenen Zweck, mithin die eigene geistig-künstlerische, nunmehr im Kulturpessimismus angelangte Reise als eine verborgene Absicht. Nietzsche lässt nichts aus beim süffisanten Aufspießen der Wagnerschen Umkehr: das von Schopenhauer in seine Philosophie der Willensverneinung integrierte buddhistische Nirvana-Konzept, die den vormals revolutionären Wagner antreibende »sozialistische Utopie« und – dabei zugleich auch mit Schopenhauer abrechnend – den Décadence-Vorwurf. Allein die Vorstellung von der Schopenhauer studierenden Brünnhilde, die das vierte Buch von *Die Welt als Wille und Vorstellung* in Verse bringen muss – ein hämischer Seitenhieb der Sonderklasse.

Die zweite Textpassage befasst sich mit Wagners Rückfall in die Religion. Mehreres an Wagners Weltanschauung (und dem von dieser abgeleiteten Verhalten) hat Nietzsches Abwendung von ihm begründet. Er konnte seinen Antisemitismus nicht ertragen; man kann in Nietzsche einen gestandenen Anti-Antisemiten sehen. Er fühlte sich auch vom Wagnerschen deutschen Nationalismus abgestoßen; Nietzsche war ein Europäer, der mit dem engstirnigen nationalistischen Chauvinismus wenig anfangen konnte. Aber mehr als alles andere empfand er Wagners Rückkehr zur Religion, wie sie sich spätestens im »Parsifal« in vollem Ausmaß kundtat, als einen philosophischen Verrat an der vormals für konsolidiert erachteten Gesinnung. Nietzsche zeigt sich in diesem Punkt zutiefst getroffen, bezichtigt Wagner gar der hypokritischen Verlogenheit:

> Wogegen man sich allein zu wehren hat, das ist die Falschheit, die Instinkt-Doppelzüngigkeit, welche diese Gegensätze nicht als Gegensätze empfinden will: wie es zum Beispiel Wagners Wille war, der in solchen Falschheiten keine kleine Meisterschaft hatte. Nach der Herren-Moral, der vornehmen Moral hinschielen (die isländische Sage ist beinahe deren wichtigste Urkunde) und dabei die Gegenlehre, die vom »Evangelium der Niedrigen«, vom Bedürfnis der Erlösung, im Munde führen!

Hier meint das »Evangelium der Niedrigen« nicht mehr die »sozialistische Utopie«, die Nietzsche noch am vormals revolutionären Wagner ironisiert hatte, sondern die christliche Religiosität des nunmehr (scheinbar) rückbekehrten, späten Wagner. Nietzsche, der sich in großer Selbstüberwindung von seiner religiösen Herkunft – er war Sohn eines lutherischen Pfarrers – emanzipiert hatte, um Gottes Tod zu verkünden, musste erleben, dass die bedeutendste Person seines geistigen (letztlich auch psychischen) Lebens Verrat beging an dem, was sie beide verband. Als besonders verletzend empfand er dabei, dass er Wagners religiöse Regression nicht einmal wirklich glauben konnte; er sprach ihr Wahrhaftigkeit ab, die religiöse Rigidität des Christen: »Ich bewundere, anbei gesagt, die Bescheidenheit der Christen, die nach Bayreuth gehn. Ich selbst würde gewisse Worte nicht aus dem Munde eines Wagner aushalten. Es gibt Begriffe, die nicht nach Bayreuth gehören.« Er prangert die Verhunzung des Christlichen an:

> Wie? Ein Christentum, zurechtgemacht für Wagnerianerinnen, vielleicht von Wagnerianerinnen – denn Wagner war in alten Tagen durchaus feminini generis? Nochmals gesagt, die Christen von heute sind mir zu bescheiden… Wenn Wagner ein Christ war, nun dann war vielleicht Liszt ein Kirchenvater! Das Bedürfnis nach Erlösung, der Inbegriff aller christlichen Bedürfnisse hat mit solchen Hanswursten nichts zu tun: Es ist die ehrlichste Ausdrucksform der décadence, es ist das überzeugteste, schmerzhafteste ja-sagen zu ihr in sublimen Symbolen und Praktiken. Der Christ will von sich loskommen. Le moi est toujours haïssable.

Wenn das Ego immer hasserfüllt ist, dann kann, Nietzsche zufolge die asketische Entsagung bei Verkörperung narzisstischer Selbstverliebtheit wie Wagner (und Liszt) nichts anderes als verlogenes Lippenbekenntnis sein. Nietzsche geht es indes nicht um das wahrhafte Christentum, welches er bekämpft, sondern um die Herren-Moral: »Die vornehme Moral, die Herren-Moral, hat umgekehrt ihre Wurzel in einem triumphierenden ja-sagen zu sich«, im Gegensatz zu der von Wagner adaptierten schopenhauerschen Willensverneinung zeichnet sich die Herren-Moral durch »Selbstbejahung, Selbstverherrlichung des Lebens« aus.

Wenn also Thomas Mann Schopenhauer, Wagner und Nietzsche als sein »Dreigestirn ewig verbundener Geister« benennt, darf man sich darunter mitnichten ein homogenes Trio gleichgesinnter Geistesheroen vorstellen. Wagner begann nicht als Schopenhauerianer, sondern verwandelte sich erst relativ spät in einen, nachdem er sich im ersten Teil seines Lebens als politischer Revolutionär mit anarchistischen Affinitäten und sozialistischen Anwandlungen versucht hatte. In seinen späten Jahren wandte er sich (zumindest in seiner Kunst) der Religion zu. Kaum vorstellbar, dass Schopenhauer viel Verständnis dafür hätte aufbringen können. Nietzsche jedenfalls, der langjährige Wagner-Bewunderer, war davon zutiefst enttäuscht, ja abgestoßen. Seine Philosophie basierte anfangs zwar auf Schopenhauers Denkkategorien, aber er musste sich von Schopenhauer lösen, denn während dieser im willensverneinenden Kulturpessimismus versank, frönte er, der im realen Leben oft Kranke und stets Leidende, unbedingter Willens- und Lebensbejahung. Bei Schopenhauer selbst findet sich ein bemerkenswerter Widerspruch: Er, der im realen Leben ein ausgemachter Misanthrop war, entpuppte sich als Schöpfer einer säkularen Mitleidsphilosophie, die er aus den Kategorien konstruierte, auf denen seine kulturpessimistische Verzicht- und Entsagungsphilosophie fußte. Und dennoch, trotz dieser Verschiedenheiten und der Heterogenität der geistigen Ausrichtungen sah Mann in diesem »Dreigestirn« die »Fundamente« seiner geistig-künstlerischen Bildung. Gemessen daran, dass er dies in einem Werk verkündete, das der im 19. Jahrhundert herangereiften völkischen Ideologie das Wort redete, und zwar kurze Zeit, bevor diese Ideologie genau die unheilvollen Triumphe zu feiern begann, welche ihren gravierenden Beitrag zur Genese der von Friedrich Meinecke sogenannten »deutschen Katastrophe« geleistet haben, lässt das unweigerlich die Frage aufkommen, ob man dieses bedeutende »Dreigestirn« nicht dem geistesgeschichtlichen Vorlauf des Nazismus im 20. Jahrhundert zuzuzählen hat.

Das ist eine höchst heikle Frage. Solcherlei kausale Verbindungen sind nicht selten in verschiedenen geistesgeschichtlichen Kontexten versucht worden. So hat etwa der israelische Historiker Jacob L. Talmon in seinem in den Fünfzigerjahren verfassten Werk *Die Geschichte der totalitären Demokratie* die These vertreten, ein Rezeptionszweig von Rousseaus politischer Philosophie sei in die stalinistische »totalitäre Demokratie« gemündet. Bertrand Russell postulierte in den Dreißiger- und Vierzigerjahren, die deutsche Philosophie im Allgemeinen sei ein determinanter Faktor bei der Heraufkunft des Hitler-Faschismus gewesen und zählte in diesem Zusammenhang Kant, Fichte, Hegel, Schopenhauer und Nietzsche mit Namen auf. Georg Lukács' scharfe Kritik an Nietzsche als zentralem Protagonisten der Venunftzerstörung, mithin als Vorläufer des Nazismus, veranlasste Theodor Adorno zum empörten Kopfschütteln: »Nietzsche und Freud wurden ihm [Lukács] schlicht zu Faschisten.« Es ließen sich hier viele weitere Beispiele anführen. Das Problem solcher Begründungszusammenhänge liegt auf der Hand. Zum einen lässt sich der Kausalnexus nicht stringent nachweisen, weil Ebenen miteinander vermengt werden. Es wird davon ausgegangen, dass eine Idee in Tathandlungen übergeht; dies ist aber nur schwer überprüfbar. Zum anderen wird angenommen, dass es Ideen (beziehungsweise philosophische und andere Abstraktionen) sind, die historische Ereignisse und soziale Strukturen generieren; materialistische Geschichts- und Gesellschaftsparadigmata dürften dies kategorisch in Abrede stellen. Ganz problematisch wird es, wenn eine Ursprungsidee in etwas Reales übergeht, das ihrem Inhalt im Wesen entgegensteht. Wenn man von Rousseau den stalinistischen Gulag, von Hegel den NS-Staat, von Nietzsche und Freud den deutschen Faschismus ableiten darf, ist es auch zulässig, die Spanische Inquisition von der Bergpredigt oder etwa den Holocaust vom Empfang der Zehn Gebote am Berg Sinai herzuleiten? Oder wäre es eher angebracht, vom Ausgang des historischen Prozessverlaufs auf seinen Anfang zu schließen, womit Dostojewskis Großinquisitor dem am Ende des 15. Jahrhunderts plötzlich auf dem Jahrmarkt auftretenden Jesus gegenüber recht behalten hätte.

Im Falle Wagners liegen die Dinge anders. Und zwar weniger deshalb, weil von seinem Antisemitismus kein Auschwitz abzuleiten ist, sondern weil seine Kunst einen immensen Impakt auf die kulturellen Entwicklungen des 20. und 21. Jahrhunderts ausgeübt hat; ihre Praxis mit den Bayreuther Festspielen schon zu Wagners Lebzeiten institutionalisiert worden ist; vor allem aber, weil diese zum Sinnbild geronnene Institution in allerübelsten Verruf geriet durch die Rolle, die Bayreuth in der NS-Zeit gespielt hat. Dabei ist von geringer Bedeutung, dass Wagner von Hitler verehrt wurde. Hitler verehrte auch Franz Lehár, und Theodor Herzl liebte Wagners Opern. Es ist ein (freilich beliebter) Irrweg, individuelle Vorlieben zum Kriterium der Kunstbewertung zu erheben. Eine ungleich relevantere Frage ist, ob die Rolle, die Bayreuth in der NS-Zeit gespielt hat, etwas mit der Anfälligkeit von Wagners Kunst für derlei (spätere) Entwicklungen zu tun hat. Sven Friedrich, Leiter des Richard-Wagner-Museums in Bayreuth, sprach in diesem Zusammenhang von der »metapolitischen Dimension in Wagners Werk, die ihn bei den Nationalsozialisten anschlussfähig gemacht hat«. Dies mag sein, ist aber nicht unbedingt schlüssig. Denn wenn man Wagners Opern so interpretieren kann, dass eine Nazifizierung von Wagner möglich wird, dann kann man sie auch so interpretieren, dass eine Entnazifizierung stattfinden kann. Dass eine solche in der Tat stattgefunden hat, aber »langwierig« war, wie von Udo Bermbach dargelegt, hat nichts mit Wagners Werk per se zu tun, sondern primär mit der Bereitschaft, es zu nazifizieren oder eben zu entnazifizieren.

Eine solche Bereitschaft – wie immer ausgerichtet – formt sich stets anhand verschiedener, der Rezeptionsgeschichte in unterschiedlichen Zeiten und Epochen zugrunde liegender Bedürfnisse. Besonders in Zeiten, in denen das Postulat der Werktreue kaum noch befolgt wird und radikales Regietheater Urständ feiert, hat die Frage nach der Anfälligkeit des Wagnerschen Werks für eine bestimmte ideologische Ausrichtung ihre Relevanz verloren.

Es besteht heute keine Bereitschaft mehr, Wagners Opern Naziwerte und -ideologien abzugewinnen, wie es andererseits in Deutschland offenbar an Bereitschaft mangelt, Hans Werner Henzes »Das Floß der Medusa« noch einmal aufzuführen. Eine Frage des ideologischen Bedürfnishaushalts.

Und was letztlich rezipiert wird, unterliegt ohnehin zeitabhängigen ideologischen Erwägungen. Im Jahr 1949 schrieb Thomas Mann in einem Brief: »Es ist da, in Wagners Bramarbasieren, ewigem Perorieren, Allein-reden-wollen, über alles Mitreden-wollen, eine namenlose Unbescheidenheit, die Hitler vorbildet – gewiss, es ist viel ›Hitler‹ in Wagner.« Auf das Anachronistische dieser Aussage verwies Mann selbst, indem er »Hitler« in Anführungszeichen setzte. Gleichwohl sei die Frage erhoben, ob Mann auch zu der Zeit, als er sich mit den *Betrachtungen eines Unpolitischen* befasste, die schiere Assoziation Wagners, einer bedeutenden Gestalt in seinem Dreigestirn, mit Hitler zugelassen hätte. Das gilt es zu bezweifeln. Es sollte bekanntlich einige Zeit vergehen, ehe er »zur Besinnung kam«. Wichtiger ist jedoch die lapidare Feststellung, dass, wenn das alles gewesen wäre, was von »Hitler« in Wagner war, und Hitlers historische Ungeheuerlichkeit sich auf seine prahlerische Selbstdarstellung und sein unappetitliches Sich-vordrängen-wollen reduziert hätte, man heutzutage kaum ein Wort über Hitler verloren hätte. Brecht war da sehr früh schon Mann voraus, als er *Der aufhaltsame Aufstieg des Arturo Ui* schrieb. Und auch er irrte: Hitler war mehr als nur ein Gangster. Das ist ja das ganze Grauen. Wagner konnte da selbst in seinem widerlichsten antisemitischen Gegeifer nicht mithalten. War er ein Vor-Nazi? Kaum. Wäre er Nazi geworden? Das kann man nicht mit Bestimmtheit sagen. Anzunehmen ist eher, dass er nach Hollywood gegangen wäre.

Wagner in Israel oder Die Wonnen der Ignoranz

Eine persönliche Erfahrung zu Beginn: Im November 2005 – ich weilte gerade im Rahmen eines Forschungsaufenthalts in Wien – wandte sich der Generalmanager des Israelischen Philharmonischen Orchesters mit dem Vorschlag an mich, einen Wagner gewidmeten Abend des Orchesters zu moderieren und mit einem größeren Vortrag über den deutschen Tondichter einzuleiten. Ich sagte spontan zu, gab aber zu bedenken, dass eine solche Veranstaltung, bei der Wagner-Musik in Israel öffentlich aufgeführt werden sollte, doch unweigerlich auf einen Skandal hinauslaufen müsse. Das hätten alle Versuche in den vergangenen Jahrzehnten, bis hin zu denen der jüngsten Zeit, eindeutig bewiesen. Es bestehe nun einmal der seit Staatsgründung eingehaltene halboffizielle Wagner-Boykott, welcher die Nichtaufführung von Wagner-Musik in Israel zur normativen Auflage für alle Orchester des Landes hat werden lassen. Der Generalmanager entgegnete, diesmal solle es aber ganz anders laufen. Mein Vortrag werde die volle Bandbreite des Wagner-Phänomens öffnen: Die künstlerische Genialität ebenso wie den Antisemitismus des Mannes, die politische Ideologie wie die ästhetische Rezeptionsgeschichte seines Wirkens, die Verstrickung Bayreuths im Nationalsozialismus nicht minder als das Problem des Wagner-Boykotts in Israel, kurzum, eine kritisch-reflektierte Darlegung des Themas »Wagner«, welche von mir – nach dem Konzertpart, bei dem ausgesuchte Wagner-Musik vom Orchester unter der Leitung von Zubin Mehta gespielt würde – mit dem Publikum, solange dieses es wünsche, diskutiert werden soll. Das Vertrackte der Veranstaltung werde nicht nur durch die Initiative von Maestro Mehta, das Konzert zu geben, sondern nicht minder durch die von vornherein garantierte Offenlegung des Problems abgefangen. Ich willigte also ein. Im Dezember traf ich Zubin Mehta in Wien, wir besprachen den Veranstaltungsablauf en Detail und redeten auch über die zu erwartenden öffentlichen Schwierigkeiten, wobei er sich aber zuversichtlich gab, da er meinte, man müsse diesen neuen Aufbruch im Bereich der Wagner-Rezeption in Israel wagen, zumal auch die Koordinaten diesmal viel günstiger gestellt seien.

Die Vorbereitungen nahmen dann ihren Lauf. Die Verwaltung des Orchesters rief mich zur Klärung von diesem oder jenem Detail noch einige Male an. Am neunten April 2006 sollte der Abend stattfinden. Mitte März gab es ein Telefonat, bei dem die letzten Dinge noch einmal durchgegangen wurden, und bei dieser Gelegenheit erfuhr ich, dass der Vorverkauf der Karten unmittelbar nach der Abstimmung im Orchester beginnen werde. Auf meine erstaunte Frage, um was für eine Abstimmung es sich handle – Zubin Mehta, Chefdirigent und mächtiger musikalischer Leiter des IPO, hätte doch die Veranstaltung initiiert; die Vorbereitungen seien abgeschlossen, und ich selbst hätte nicht wenig Arbeit in die Vorbereitung investiert –, beschied man mir, ich könne beruhigt sein, es handle sich um eine Pro-forma-Abstimmung, die immer abgehalten werden müsse, wenn es um die Aufführung von Wagner-Musik ginge, weil eben eine diesbezügliche Sensibilität in Israel herrsche. Einige Tage später erfuhr ich vom Abstimmungsergebnis: Eine überwältigende

Mehrheit der Orchestermitglieder hatte gegen die Veranstaltung gestimmt, die somit abgesagt wurde.

Der Versuch, Richard Wagners Musik, geschweige denn ganze Opern von ihm in Israel aufzuführen, ist seit Jahrzehnten insofern zum Scheitern verurteilt, als eine jede solche Veranstaltung regelmäßig – im Vorfeld, während ihres Ablaufs, aber auch noch im Nachhinein – zum öffentlichen Skandalon gerät. Ob Zubin Mehtas Versuch im Jahre 1981, Daniel Barenboims erneuter Ansatz zwanzig Jahre später, ja selbst eine Aufführung von Wagnerstücken im beschränkten Rahmen der Musikakademie der Tel-Aviver Universität anlässlich einer vom dortigen Institut für deutsche Geschichte organisierten (kritischen) Wagner-Tagung – alle diese Unternehmungen mündeten stets im Eklat, an dem zumeist »die Öffentlichkeit«, spätestens seit 2001 jedoch auch die offizielle Politik beteiligt war, als ein Ausschuss des israelischen Parlaments sich nicht entblödete, Daniel Barenboim zu einer kulturellen Persona non grata in Israel zu erklären. Und dann eben das Abstimmungsergebnis von 2006, welches insofern bemerkenswert war, als bei der ein Vierteljahrhundert zuvor abgehaltenen Abstimmung sich nur zwei Orchestermitglieder geweigert hatten, an besagter Aufführung von Wagner-Musik in Israel zu partizipieren.

Was hat es mit dieser Ausdauer des Boykotts auf sich? Seine Ursprünge gehen auf die Gründungszeit des Orchesters (1936) zurück, als es – damals noch »Palestine Symphony Orchestra« genannt – im Jahre 1938 zum Zeichen des offiziellen Protestes gegen die Pogromereignisse der »Reichskristallnacht« von der geplanten Aufführung wagnerscher Musik bei einem Konzert absah. Nach der Staatsgründung wurde diese selbstauferlegte Enthaltung auf andere israelische Orchester und die israelischen Rundfunkanstalten erweitert. Na'ama Sheffi hat in ihrem 2002 erschienen Band *Der Ring der Mythen. Die Wag-*

ner-Kontroverse in Israel diese politisch wie kulturell merkwürdige Rezeptionsgeschichte ausführlich erforscht und nachgezeichnet. Viele Antworten bieten sich auf die Frage nach der Boykottpersistenz an; ausschlaggebend scheint indes zu sein, dass der Antisemitismus der Person Wagners in Verbindung mit der spezifischen Rezeption Wagners und seines Werks in der nationalsozialistischen Ideologie und im Kulturleben des Dritten Reichs dem Boykott immer wieder neues Leben einhauchten. Die lange Debatte über dieses, wie gesagt, nie formalisierte Aufführungsverbot fußt dabei auf drei zentralen Diskursachsen: der Rezeption des wagnerschen Werks, dem staatsoffiziellen Shoah-Gedenken in Israel und der öffentlichen Rücksichtnahme auf die Gefühle von israelischen Shoah-Überlebenden.

Der israelische Historiker Zvi Yavetz, ein zweifellos geschichtsliebender Gelehrter, sagte einmal, man könne sehr gut 120 Jahre leben, ohne der Geschichte kundig zu sein. Wohl wahr – und man mag hinzufügen, dass dies auch für das Schauen von Shakespeare-Dramen, die Betrachtung von Rembrandt-Gemälden und das Hören von Beethoven-Symphonien, letztendlich für die Berührung mit Kulturgütern ganz allgemein gelte. Das Bedürfnis, sich diese anzueignen, ist mitnichten a priori voraussetzbar, sondern existiert nur für den, der es real empfindet, was freilich nur durch intensive Beschäftigung mit besagten Werken und nicht unbedingt infolge eines von vornherein existierenden Hunger- oder Mangelgefühls entsteht. Es bedarf also einer gewissen kulturellen Sozialisation, mithin geordneter Erziehung und Bildung, um das Bedürfnis zu generieren, dieser Werke »habhaft« zu werden. Hat man sich aber erst einmal diesen Kulturschätzen geöffnet und sich von ihrem Zauber gefangen nehmen lassen, ist man erst einmal in sie als ein geistig-kulturelles Ganzes eingedrungen, stellt sich (aus der inneren Logik dessen, was sie sind) sehr bald heraus, welche Kulturwerke in jedem einzelnen Bereich unabdingbar sind, was als unverzichtbar zu gelten hat. Man kann auf Rembrandt verzichten, aber nur, wenn man sich nicht mit der westlichen Malerei der Neuzeit und ihrer ästhetischen Tradition befasst. Man kann ohne Beethoven leben, aber als unerschütterliche Bastion der westlichen Kunstmusiktradition im modernen Zeitalter lässt er sich einfach nicht umgehen. Man kann entsprechend auf Wagner verzichten, nicht aber die Auswirkungen ignorieren, die seine – nicht unproblematische, gleichwohl eben auch geniale – Musik auf die Kunst im Allgemeinen und die Kunstmusik im Besonderen hatte.

Es waren allerdings nicht ideologiekritische Fragen und Bedenken (die man gegen Wagners kontroverses künstlerisches Werk gewiss anführen kann), welche das öffentliche Verhältnis Israels zu diesem Werk maßgeblich prägten, sondern der Umstand, dass Wagners Werk und Person nach und nach zu einem die israelische Shoah-Erinnerung bedienenden, quasi-staatlichen kulturellen Symbol gerannen. Dies darf stutzig machen: In einem Land, das ganze sieben Jahre nach Auschwitz einen offiziellen ökonomischen Vertrag mit dem von ihm selbst als solches apostrophierten »anderen Deutschland« abschloss, mithin gleich zu Beginn seines staatlichen Bestehens die Materialisierung der Sühne etablierte; in einem Land, das knappe zwanzig Jahre nach der Vernichtungskatastrophe (aus nachvollziehbaren praktischen Gründen) volle diplomatische Beziehungen mit dem Urheberland der Katastrophe einging; in einem Land, in dem viele seiner infrastrukturellen Gebilde, Institutionen und großen zivilen wie militärischen Anschaffungen durch deutsches Kapital finanziert werden; in einem Land, in dem deutsche Waren und Produkte die Straßen, Gebäude und Geschäftsläden anfüllen – in diesem Land, in welchem darüber hinaus keine einzige staatliche Institution existiert, die seiner spezifisch geschichtsträchtigen, pejorativen (oder zumindest ambivalenten) Beziehung zu Deutschland angemessenen Ausdruck zu verleihen vermag, ist ein 1883 verstorbener Komponist zum halboffiziellen Symbol dieser Beziehung avanciert.

Nicht nur spiegelt sich in diesem publiken »Erinnerungs«-Überbleibsel die bigott-instrumentalisierende Ausrichtung »Israels« auf »Deutschland« und die »deutsche Vergangenheit« wider, sondern es sedimentiert sich darin auch die ideologisch längst prästabilisierte, in die kleinsten Poren der israelischen Alltagskultur eingegangene Banalisierung des Shoah-Gedenkens. Wenn es (neben alljährlichen patriotischen Zeremonien) das ist, was die staatliche Öffentlichkeit zum Gedenken dessen, wofür sie das Monopol der Erinnerungskonservierung beansprucht, aufzubieten hat, ist es um das israelische Kollektivgedenken nicht zum Besten bestellt.

In diesem Zusammenhang wird gemeinhin das Argument der notwendigen Rücksichtnahme auf Gefühle und Empfindlichkeiten von Shoah-Überlebenden erhoben. Das ist in der Tat ein gewichtiger Einwand, der sich nicht kurzerhand wegdiskutieren lässt (und auch nicht wegdiskutiert werden sollte – wer würde sich schon trauen, sich auf eine »rationale« Diskussion mit derlei Emotionen einzulassen?). Und doch ist es unerlässlich, auch dazu einige Überlegungen anzuführen. So ist es an der Zeit, dass man aufhört, Shoah-Überlebende als einen monolithischen Block mit einheitlich gebildeten Empfindungen und homogen geformtem Willen wahrzunehmen. Manche Shoah-Überlebende werden Wagners Kunst (aus welchem Grund auch immer) hassen, andere mögen sie bewundern, die meisten dürfte sie mehr oder minder kalt lassen. Für Shoah-Überlebende, die außerhalb Israels leben, ist Wagner schlicht kein Thema. Das Empfindlichkeits-Argument, das oft im Namen der Überlebenden (nicht unbedingt von ihnen selbst und gewiss nicht von allen) hervorgeholt wird, hört sich paternalistisch an und erscheint als paradoxe Fortsetzung der tumben Überheblichkeit, durch welche das Verhältnis eines Großteils der israelischen Öffentlichkeit zu den Überlebenden über Jahre gekennzeichnet war. Gerade die israelische Gesellschaft stach ideologisch durch ihre Unfähigkeit zur Einfühlung in die psychischen Welten der Überlebenden hervor. Sie war es, die in den ersten Jahren ihres Bestehens gerade in ihnen die ultimative Verkörperung alles »Diasporischen« erblickte; sie war es, die von ihnen als »Menschenstaub« sprach; sie war es, die sie (vorwurfsvoll) mit »Vieh, das zur Schlachtbank geführt worden war« verglich und damit der Ideologie ihres Umgangs mit dem historischen Grauen bezeichnenden Ausdruck verlieh. Es wäre angebracht, dass diejenigen, die pathoserfüllt das Empfindlichkeits-Argument in den Diskurs einwerfen, sich einmal selbst fragen, ob nicht gerade sie die ideologische Linie perpetuieren, die sich nie um die realen Empfindungen der Shoah-Überlebenden gekümmert hat, dafür aber umso mehr um eine »Reinheit« des Gedenkens, welche es in Israel nie gegeben hat.

Die dargelegten Einwände sind nicht darauf bedacht, eine Position in dem Streit zu beziehen, ob Wagners Werke in Israel aufgeführt werden sollten oder nicht. Die prekäre Streitfrage birgt, wie gesagt, mannigfache Erörterungsebenen in sich. Eines dürfte gleichwohl feststehen: Solange das Aufführungsverbot mit einer staatlich-öffentlichen »Rücksichtnahme« auf jene begründet wird, die eine solche Rücksichtnahme seitens der öffentlichen Staatlichkeit nie wirklich erfahren haben; solange sich herausstellt, dass das Aufführungsverbot lediglich ein erbärmlicher Ersatz für das genuine Gedenken des historischen Grauens ist, welches durch seine fortwährende staatliche Instrumentalisierung längst entstellt worden ist, wird die Forderung, das Verbot aufrechtzuerhalten (selbst wenn es aus dem

Munde von Shoah-Überlebenden kommen sollte), nichts als eine weitere Etappe auf dem langen Weg der Ideologisierung des israelischen Shoah-Gedenkens bilden.

Hieran seien nun einige Überlegungen zum Problem des Aufbruchs angefügt. Geht man davon aus, dass der Aufbruch als dezidierter Neuanfang bewusstseinsbedingt ist, stellt sich sofort die klassische Frage, ob sich das Sein so gewandelt hat, dass das Bewusstsein davon in der Tat als ein in der Realität verankerter Aufbruch zu einem neu Bevorstehenden angesehen werden kann. Anders gesagt: Wenn nur freies Sein ein freies Bewusstsein zeitigen, das Sein selbst aber nur unter den Bedingungen des freien Bewusstseins sich gründen kann, dann ist der Ausbruch aus diesem Zirkel nur denkbar, wenn sich etwas an den objektiven Bedingungen verändert hat beziehungsweise wenn sich das Bedürfnis nach radikaler Veränderung (womöglich aus der Not geboren) so sehr vertieft hat, dass ein Umbruch, mithin ein damit einhergehender Aufbruch, möglich wird. Von beiden Voraussetzungen kann im Fall der israelischen Wagner-Rezeption nicht die Rede sein. Nicht nur rührt sich nichts Wesentliches an der ideologischen Grundstruktur des israelischen Shoah-Gedenkens, sondern es will scheinen, als rücke gerade die Aufhebung des Wagner-Boykotts in immer weitere Ferne, je gründlicher sich die Beziehungen zu Deutschland »normalisieren«: Der Boykott als billiger Ersatz für eine ansonsten misslungene Gedenkkultur ist allzu verlockend – kann man sich doch im Bereich der »hohen Kultur« moralisch wähnen, wo das grob Materielle schon längst eine andere Sprache spricht. Debattiert wird dies freilich unter diesen Gesichtspunkten nirgends. Da »Wagner« inzwischen zum Symbol erhoben worden ist, spielt es für die allermeisten Israelis letztlich keine Rolle, was dieses Symbol kodiert, geschweige denn, wer Wagner historisch war und wofür er kulturell wie politisch steht. Der Aufbruch in diesem unseligen Diskurs wäre schon mit der schieren kritisch reflektierten Debatte über den Symbolwert von »Wagner« im Shoah-Gedenken der israelischen Gesellschaft gegeben. Aber sie findet nicht statt, denn man will den Aufbruch nicht. Zu viel steht auf dem Spiel – das gesamte, über Jahrzehnte gepflegte Shoah-Gedenken Israels müsste überdacht werden. Zu viele Menschen, zu viele Institutionen sind daran interessiert, dass dem nicht so werde.

Am Phänomen »Wagner in Israel« lassen sich einige Aspekte ideologischer Persistenz festmachen, wobei das »Leichtfüßige« des Debattengegenstands getrost in Klammern gesetzt werden mag: Welchen Stellenwert kann schon das Problem einer Aufführung von Wagners Werken in Israel angesichts der gewichtigen Krisen, die derzeit die Welt (und Israel selbst) beuteln, einnehmen? Das bisher Dargelegte möge daher eher als Matrix der Erörterung von Allgemeinerem herhalten, namentlich der Analyse des Verhältnisses von Ideologie, Realität und bedürfnisgeleitetem Interesse.

Es fällt zunächst auf, dass der ganze Fall einen gewissen nachvollziehbaren »Wahrheitskern« aufweist, sich im großen Ganzen aber durch eine bemerkenswerte Diskrepanz zwischen ideologisierter Kollektiveinstellung und den vorherrschenden (aktuellen wie historischen) Realverhältnissen auszeichnet. Wagner war ohne Zweifel einer der obsessivsten und (gemessen an seiner Zeit) gefährlichsten Antisemiten des 19. Jahrhunderts. Das sollte man auf keinen Fall verharmlosen, aber eben auch nicht außer Proportion geraten lassen. Es reicht schon, was er realiter war und in der eigenen Lebenszeit als Antisemit anrichtete; ihn aber zum Vorreiter der Ideologie des »Dritten Reichs«, gar zum gesinnungsverbündeten Verkünder des von den Nazis an den Juden verbrochenen Völkermordes hochzudeuten, geht nicht nur an dem, was real geschah, vollkommen vorbei, sondern ist dazu angetan, durch voreilige

Zuschreibung der Vorläuferrolle das Horrende der realgeschichtlichen Katastrophe zu verwässern und ihr Wesen durch spekulative, mithin kaum belegbare Kausalbezüge zu verkennen. Genau das leistet aber die spezifische Wagner-Rezeption in Israel. Abgesehen von der vorherrschenden Ignoranz über Wagner und sein Werk und den auch unter den Allgemeingebildeten dominierenden Wissensdefiziten fällt auf, wie vehement und unter welch intensiver Öffentlichkeitsbeteiligung die aufschäumende Debatte geführt wird, sobald sich der Eklat des Versuchs, Wagner-Musik in Israel zu spielen, ereignet hat. Was dabei zum Tragen kommt, ist kaum der Versuch, das Kontroverse des Ereignisses sachlich zu debattieren, sondern eine Meinungslogik, die im Pathos einer unbestimmten, indes hochemotionalisierten Ungehaltenheit wurzelt. Ungeachtet der (teils selbst eingestandenen) Unwissenheit wird dabei die ominöse Bürgerpflicht zelebriert, die prävalente Norm (des Boykotts) um jeden Preis einzuhalten und ihrer Durchbrechung mit indigniertestem Protest zu begegnen. Dass Wagner also in Israel zum Synonym für Nationalsozialismus und Shoah-Antisemitismus avancieren konnte, hat nicht sehr viel mit seinem Antisemitismus zur eigenen Lebzeit zu tun, umso mehr dafür mit der Mythenbildung um ihn als »Antisemiten«, vor allem aber mit einem Bedürfnis, den im falschen Bewusstsein fußenden Kausalbezug zwischen »Wagner« und »Shoah-Gedenken« um jeden Preis zu wahren.

Warum ist dem so? Wie erklärt sich diese Insistenz auf etwas, das jedem reflektierten Menschen als eklatante Verzerrung vorkommen müsste – wobei nicht die Aufführung (beziehungsweise Nichtaufführung) von Wagner-Werken für den Gegenstand der Verzerrung zu erachten ist, sondern dass »Wagner« zum Paradigma des Shoah-Gedenkens in Israel erkoren werden konnte. Es lassen sich wenigstens zwei Gründe anführen, die zumindest einen geschichtlichen Realitätsbezug zum Festhalten am widersinnigen Boykott anzubieten vermögen. Zunächst einen positiven Bezug: Als nämlich das Palestine Symphony Orchestra auf Initiative des Orchestergründers Bronisław Huberman 1938 beschloss, als Reaktion auf die Pogromnacht vom November des Jahres keine Stücke von Wagner mehr in die Konzertprogramme aufzunehmen, war dieser Akt aus der Logik der entstandenen Situation in Deutschland, wenn schon nicht akzeptabel, so zumindest erklärbar. Gerade weil das jüdische Kollektiv in Palästina keinerlei Einfluss auf die Geschehnisse in Nazideutschland ausüben konnte, durfte der Entschluss des jüdischen Orchesters als symbolischer Akt kollektiver Solidarität gewertet werden. Dass dabei Wagners Antisemitismus, vielleicht sogar der Stellenwert seiner Person und seiner Kunst im Kulturleben des »Dritten Reichs« (wofür er selbst freilich nichts konnte) – mithin also heteronome Momente – eine gravierende Rolle gespielt haben dürften, widerspricht zwar einem prinzipiellen Postulat der Kunstautonomie beziehungsweise dem der Trennung von Werk und Person, konnte aber im Kontext des Schocks und der Empörung über die Geschehnisse der »Reichskristallnacht« einen gewissen (populistischen) Anspruch auf Verständnis erheben. Die Maxime »Fiat ars, pereat mundus« (zu Deutsch: »Kunst soll entstehen, und gehe die Welt darüber zugrunde.«) hat historisch letztlich noch nie gestimmt. So hat man sich während des Ersten Weltkriegs in Frankreich nicht entblödet, die Aufführung von Werken des Deutschen Wagner zu verbieten, wie denn komplementär dazu in Deutschland die Aufführung der Oper »Carmen« des Franzosen Georges Bizet eine Zeit lang untersagt wurde. Das war gewiss widersinnig, was aber auf das Widersinnige der Entstehungszusammenhänge von Ideologien schlechthin verweist, dabei aber auch indiziert, warum man ihnen so leicht verfallen kann: Wenn sie Bedürfnisse im Koordinatensystem einer politischen oder sozialen Freund-Feind-Wahrnehmung befriedigen, fungieren sie nicht als etwas, das auf seine rationale Stichhaltigkeit zu hinterfragen ist, sondern eben als Faktoren des Irrationalen einer unstimmigen Realität, die man sich »stimmig« zurechtlegen möchte. Strukturelle Ohnmacht, gekränkter Narzissmus und magische Wunschphantasien der Verfügung über mächtige symbolische Potenzen vermischen sich dabei zu einer bedürfnisgeleiteten Abwendung vom Realen, mithin vom gängigen Anspruch, seine Wirkzusammenhänge zu ergründen.

Der andere Realitätsbezug des israelischen Wagner-Boykotts lässt sich ex negativo herausdeuten: der Boykott als Ersatzakt für einen defizitären Zustand. Da sich, wie erwähnt, die Beziehungen Israels zu Deutschland sehr bald nach der zionistischen Staatsgründung als ein den zweckrationalen (materiellen) Erwägungen untergeordnetes Staatenverhältnis erwiesen, bei dem das Prekäre der Wiedergutmachungsabkommen zwischen dem Land, das den Shoah-Überlebenden Zuflucht zu bieten beanspruchte, und dem Land, das die Shoah verursacht hatte, gleichsam in Klammern gesetzt wurde, geriet das staatsoffizielle Shoah-Gedenken Israels sehr bald zum Politikum; vor allem aber entsorgte es die institutionalisierte Gedenk- und Erinnerungspraxis (im Hinblick auf Deutschland) dahingehend, dass das kollektivpsychische Ressentiment – oder auch heftigere emotionale Verfasstheiten – dem offiziellen »Deutschland« gegenüber keine entsprechenden staatsoffiziellen Einrichtungen fanden. Deutschland bzw. die BRD wurde auf der diplomatischen, ökonomischen und militärischen Ebene als ein nach 1945 entstandenes »anderes Deutschland« apostrophiert, die Beziehungen zu ihm mithin staatsoffiziell legitimiert. Eine Kluft tat sich auf zwischen den vorherrschenden Gefühlslagen und Einstellungen in den realen Lebenswelten des jüdischen Israel und dem formalisierten Beziehungsgeflecht beider Staaten, eine Kluft, die sich nicht zuletzt darin niederschlug, dass keine staatlich-öffentlichen Institutionen bestanden, die der kollektiven Gefühlsökonomie der »Juden« gegenüber den »Deutschen« adäquaten Ausdruck hätten verleihen können. Und es ist nun dieses strukturelle Vakuum, das der Boykott von Anbeginn zu füllen trachtete: Er war zwar nicht staatlich auferlegt, aber doch öffentlich genug, nicht formell, aber eben doch halboffiziell selbstauferlegt, um den Anspruch einer kollektiven Norm erfüllen zu können.

Definiert man Ideologie mit Lukács als »notwendig falsches Bewusstsein«, erweist sich das Notwendige am realen historischen Entstehungszusammenhang der Ideologiebildung, mithin an der Bestimmung des Bewusstseins durch ein sozial so-und-nicht-anders gewordenes Sein. Erweitert man diesen Ideologiebegriff noch um die von Althusser so genannten »ideologischen Staatsapparate«, erhält man (begrifflich) die Dimension der Institutionalisierung des Notwendigen als Elementarform staatlich betriebener Sozialisation des Individuums. Sowohl Marxens Vorstellung von der Loslösung des Klassenkollektivs vom falschen Bewusstsein durch Bewusstwerdung der eigenen Klasseninteressen und die damit einhergehenden emanzipativen Impulse, als auch Althussers Vorstellung von der bewussten Durchbrechung dessen, was ideologisch als hermetisch abgeriegelt erscheint, verstehen sich dabei als Probleme, die der kognitiven Handlungswelt der jeweiligen (Kollektiv-)Subjekte zuzuordnen sind. Was nun aber, wenn diese Bewusstseinsakte in einem vorkognitiven, emotional-psychischen Kontext eingebettet sind?

Dieser Einsicht verschrieben sich bekanntlich, Freud folgend, die Denker der Frankfurter Kritischen Theorie. In den zwar gesellschaftlich prästabilisierten, sich indes psychisch herausbildenden Ideologiemustern (beziehungsweise in der psychischen Matrix der Einstellungs-, Anschauungs- und Meinungsmanifestationen der Menschen) erkannten sie das Wesen des Ideologischen als sich zwar kognitiv artikulierende politische, soziale und kulturelle Positionen, zugleich (und vor allem) aber auch als Spielfeld der Erfüllung verborgener Bedürfnisse. Die Theorie des autoritären Charakters darf in diesem Zusammenhang für paradigmatisch erachtet werden. Was mit diesem sozialpsychologisch ausgerichteten Denkansatz in Anschlag gebracht wurde, ist die Möglichkeit, dass der als selbstverständlich vorausgesetzte emanzipative Impuls, wie ihn die Pathosformeln der klassischen Aufklärung noch propagierten, gar nicht so selbstverständlich ist, und zwar nicht (nur), weil die Wahrnehmung der Realität faktisch falsch bzw. in ihrer kognitiven Dimension manipuliert ist, sondern weil sich das Verharren in einem (als solches freilich gar nicht wahrgenommenen) Falschen der Erfüllung falscher Bedürfnisse, die einem »falschen Leben« entstammen, verdanken. Konsequent gedacht, bedürfte die Überwindung des ideologisch Falschen der Einrichtung einer Gesellschaft, welche die Entstehung von Ideologie ihrer eigenen Struktur nach überflüssig werden ließe. Die Einrichtung einer solchen Gesellschaft lässt sich aber schlechterdings nur als Erzeugnis eines freien Bewusstseins denken – ein Teufelskreis, der schon vor Jahrzehnten aufgezeigt wurde und dennoch nichts an Aktualität eingebüßt hat. Denn die Einsicht, dass Ideologie ihre Zählebigkeit der faktischen Bedienung einer Bedürfnismatrix von Falschem verdankt; das Falsche der Bedürfnisse sich aber nur durch eine Umwandlung der sozialen Grundlage, die sie zu dem werden lässt, was sie ist, zu überwinden ist, ebendiese Umwandlung aber die Einsicht in das Falsche des sozial So-Bestehenden erfordert, mag vielleicht den gegenwärtigen theoretischen Diskurs dazu verleiten, sein theoretisches Heil in anderen – »ergiebigeren« – Gefilden zu suchen, gleichsam dort, wo die Laterne

Licht wirft, und nicht im Dunklen des außerhalb von ihr produzierten Lichtstrahls, aber das reale Problem der ideologischen Praxis bleibt dabei unangetastet; man musste sich nur entschließen, es nicht mehr für ein »Problem« zu halten, weil man der Kategorien für seine Lösung nicht habhaft geworden ist. Probleme müssen gelöst oder aber, in Ermangelung ihrer befriedigenden theoretischen Zurichtung auf die Lösung, fallengelassen werden.

Vielleicht sollte man aber eines noch im hier anvisierten Erörterungszusammenhang zu bedenken geben – nämlich, dass die Persistenz ideologischer Strukturen und Muster nicht nur auf falsches Bewusstsein, auch nicht nur auf die Befriedigung von Bedürfnissen, die im schlecht Bestehenden wurzeln, zurückzuführen ist, sondern nicht minder auch darauf, dass die Loslösung von dem, was die Anziehungskraft von Ideologie ausmacht, stets mit einer gewissen Angst verbunden ist. Es geht nämlich nicht nur darum, was man an der Ideologie positiv hat, sondern nicht weniger auch um die Angst vor dem »schwarzen Loch«, in das man fallen könnte, wenn einem das wohltuend Altbekannte der Ideologie weggenommen würde. Marcuses Diktum vom »psychischen Thermidor« hat einiges damit zu tun. Denn der »Verabschiedung« des verfestigten Gewohnten im falschen Bewusstsein steht zwangsläufig die Ernüchterung, vor allem aber die Drohung einer Zukunftsungewissheit entgegen. Zwar mag im Zustand revolutionärer Euphorie das Pathos einer leuchtenden Zukunftsverheißung dominieren, aber der ihm innewohnende Hoffnungsimpuls ist immer auch mit der latenten Befürchtung gepaart, dass die Verheißung unverwirklicht bleiben könnte. Man weiß sozusagen, was man an der Ideologie des falschen Lebens hat, ist sich nicht sicher, was die Ideologieferne des Richtigen mit sich bringen mag – darin nicht zuletzt besteht ja die Wirkmächtigkeit von Ideologie.

Was hat all das mit dem Wagner-Boykott in Israel zu tun? Nun, es kommt darauf an, wie man diese Frage angehen möchte. Denn nicht nur ließe sich fragen, was wohl alles am Selbstverständnis vieler israelischer Juden zusammenstürzen würde, wenn der Boykott und das mit ihm einhergehende Tabu aufgehoben und Werke Wagners mithin aufgeführt würden. Man würde sich darüber hinaus auch fragen (lassen) müssen, was das für diese etablierte (spezifisch israelische) Form der Shoah-Erinnerung bedeutet. Ob man den Überlebenden, deren (angebliche) Wagner-Empfindlichkeit man sich kollektiv angeeignet hatte, nicht doch noch im Nachhinein »in den Rücken gefallen« sei? Man würde sich vielleicht sogar eingestehen müssen, dass mit dem Jahrzehnte währenden Boykott kein genuines Shoah-Gedenken, sondern, ganz im Gegenteil, dessen farcehafte Verhunzung gefördert wurde. Vor allem aber hätte man die mögliche Einsicht zu ertragen, dass man mit dem Erhalt der Boykott-Ideologie ganz andere, schwerer lastende Probleme als die der Aufführung oder Nichtaufführung von Musik eines Tonsetzers aus dem 19. Jahrhundert abzudecken trachtete. Wonnig lebt sich's da im falschen Bewusstsein – beängstigend wäre seine Entlarvung.

Schlussbetrachtung

Die im vorliegenden Essay behandelte, künstlerische und politisch-ideologische Gestalt Wagners stellt, um eine Wendung des Wagner-Biografen Martin Gregor-Dellin zu gebrauchen, »die Metapher einer Epoche […], die durch ihn tönte«, dar. Was da durchtönte, war vor allem die Wende – wenn man will: der Bruch – in der (von politisch-sozialen Prozessen geprägten) geistesgeschichtlichen Entwicklung Deutschlands im 19. Jahrhundert. Bei Wagner vollzog sich die Wende sowohl im Politischen als auch im Künstlerischen. Niemand hat das bereits in jener Epoche besser erfasst als Nietzsche. Und insofern die Wagnersche Wende ihre endgültige »Legitimation« durch Schopenhauers Philosophie erhielt, korrespondierte dies mit seiner – von eigenen Erlebnissen und Erfahrungen im Jahre 1849 beseelten – Abkehr von den ohnehin pseudodemokratischen Revolutionsallüren jenes Lebensabschnitts.

Wie Walter Grabs Abhandlung *Heinrich Heine als politischer Dichter* nachweist, war 1848 auch für Heinrich Heines Gesinnungskonsistenz von Bedeutung. Heine distanzierte sich zwar von der Revolution, weil es ihre intellektuellen Wortführer nicht vermocht hatten, ihre politischen Forderungen mit den sozialen Anliegen der städtischen und ländlichen Unterklassen in der Weise zu verknüpfen, wie es die Jakobiner zur Zeit der Französischen Revolution vermocht hatten. Gleichwohl blieb

Heine seinen demokratischen Prinzipien treu. Wagner hingegen machte sich nach der gescheiterten Volksrevolution in Deutschland Ideen der politischen Romantik zu eigen, welche anstelle der Postulate der bürgerlich-kosmopolitischen Emanzipationsbewegung irrationale Gemütswerte und die angebliche Überlegenheit des Deutschtums (mithin auch des Germanentums) setzte. Vieles von dem, was sich im 19. Jahrhundert an völkische Deutschtümelei generierte, gewann durch die Tragödie der gescheiterten Revolution an gravierender Durchschlagskraft. Die Französische Revolution und die Hegemonie Napoleons brachten in Deutschland sowohl demokratische Bestrebungen als auch deutschtümelnden Nationalismus hervor. Dieser ideologische Januskopf blickte am Knotenpunkt von 1848 in zwei entgegengesetzte Richtungen. Deutschland konnte damals entweder den demokratisch-republikanischen oder den chauvinistisch-aggressiven Weg einschlagen. So besehen sind Heine und Wagner in der Tat ein »deutsches Ärgernis« – sie stehen symbolisch für einen unbegangenen und einen begangenen Weg, wenn man will: Paradigmen einer historisch verpassten und einer fatalerweise wahrgenommenen Möglichkeit.

Zu fragen bleibt gleichwohl: Selbst, wenn das stimmt, welche Relevanz hat das heute noch? Über die rein historische Betrachtung hinaus, was bedeutet sie im heutigen Deutschland, heutigen Deutschen? Seit Wagners Zeiten hat Deutschland zwei Weltkriege erlebt und einen Völkermord begangen, die Teilung des Landes erlitten und die Vereinigung beider deutscher Staaten zelebriert; es steht als Wirtschaftsmacht in Europa, genießt Anerkennung in der Welt und erfreut sich einer leidlich funktionierenden demokratischen Republik – der deutsche »Sonderweg« ist überwunden, Deutschland ist ein begehrtes Einwanderungsland. Hier und da rühren sich noch Geister der Vergangenheit, aber sie sind nicht wirklich bedrohlich, gewiss weniger bedrohlich als in vielen anderen Ländern auf dem Globus. Kann da Wagner noch als »deutsches Ärgernis« gelten? Weiß man im heutigen Deutschland überhaupt noch, dass es mal ein »deutsches Ärgernis« gab, ein »Ärgernis«, das Wagner symbolisierte?

Es will scheinen, als sei Israel das einzige Land, in dem Wagner noch ein Ärgernis darstellt. Und selbst da ist das Ärgerliche an diesem Ärgernis eher daran zu bemessen, dass es längst zur Farce verkommen ist. Es hat nichts mehr mit dem ursprünglichen Motiv zu tun, welches das Ärgernis überhaupt erst hat zu einem solchen werden lassen. Wagners Werke werden in Israel nicht aufgeführt, seine Musik wird nicht in den öffentlich-rechtlichen Rundfunkanstalten gesendet, letztlich auch nicht in den kommerziellen Privatsendern. Seit Bestehen des Staates Israel ist ein halboffizieller Boykott über Wagner verhängt worden. Jeder Versuch, Wagners Musik öffentlich (auch nur orchestral) aufzuführen, artet zu einem emotional, polemisch und zutiefst unsachlich ausgetragenen Eklat aus. Der offizielle Grund dafür ist Wagners Antisemitismus, der sich aber für den israelischen Diskurs mit Nazismus und der Shoah verbindet. Mythen, Lügen und hanebüchener Blödsinn werden dabei kolportiert: Wagner sei ein Nazi gewesen oder doch zumindest die Inspiration für Hitlers Antisemitismus, ja letztlich für den Nazismus insgesamt; Shoah-Überlebende könnten die Aufführung seiner Musik im Judenstaat nicht ertragen, weil diese auch beim Gang von Juden in die Gaskammern gespielt worden sei; überhaupt seien seine Opern antisemitisch verseucht, und so weiter und so fort – alles nur Erdenkliche und Unerdenkliche kommt da zusammen, um aber das eigentliche Problem, um das es geht, nicht anvisieren zu sollen: Denn der Wagner-Boykott ist letztlich nichts anderes als der Ersatz dafür, dass Israel sehr frühzeitig begann, seine Beziehungen mit Deutschland (damals stand nur die alte Bundesrepublik zur Debatte) zu »normalisieren«, wobei schon 1952 das sogenannte »Wiedergutmachungsabkommen« abgeschlossen und 1965 volle diplomatische Beziehungen zwischen beiden Staaten aufgenommen wurden. Deutsche Waren, deutsche Maschinen, deutsche Waffen, deutsches Kapital haben die »Materialisierung der Sühne« im Judenland längst schon zementiert und institutionalisiert. In Fragen der politischen und diplomatischen Hilfe für das Land, das seit Jahrzehnten ein brutales und völkerrechtswidriges Okkupationsregime betreibt, kann sich Israel auf niemanden in Europa so sehr verlassen wie auf Deutschland. Deutschland wähnt sich Israel gegenüber (als Land der Juden) in moralischer Bringschuld, und Israel weiß das auszunutzen. Wenn also Israel den Wagner-Boykott konsistent aufrechterhält, so geschieht es deshalb, weil in allen anderen Bereichen der Bilateralität Israel seinen Frieden mit Deutschland schon längst geschlossen hat: Der halboffizielle Boykott Wagners, des im Jahre 1883, also volle sechs Jahre vor Hitlers Geburt, gestorbenen Komponisten, besteht, um eine staatsoffiziell legitimierte Institutionalisierung eines Rests von geschichtlichem Ressentiment Deutschland gegenüber zu ermöglichen. Das tut materiell nicht weh, es hat etwas mit Antisemitismus (und/oder Nazismus) zu tun, und es ist brisant genug, um nicht zu schnell im seichten Wasser der Alltag-Irrelevanz unterzugehen. Der israelische »Fall Wagner« ist ein peinliches Zeugnis der Degeneration des Shoah-Gedenkens im zionistischen Staat, eine der absurdesten unter unzähligen offiziellen Erscheinungen der Instrumentalisierung dieses Gedenkens für fremdbestimmte Zwecke.

Hat das einen Einfluss auf Deutschland? Nein. Warum sollte es auch? Denn zum einen spielt Wagners Antisemitismus (außer in akademischen, für das breite Publikum nicht sonderlich interessanten Erörterungen) in Deutschland kaum eine Rolle bei der Positionierung Wagners

Kunst (beziehungsweise Bayreuth) gegenüber. Wenn, dann ist es die Verbandelung Bayreuths mit dem NS-Regime, die eine Rolle spielt. Entsprechend ist alles, was sich da an Abgründen aufgetan hat, über Jahrzehnte mit jeweils weniger oder mehr Emphase angegangen worden, um Bayreuth und mutatis mutandis Wagner zu »entnazifizieren«. Zu keinem Zeitpunkt seit 1945 stand ein Boykott Wagners oder Bayreuths auf dem Plan. Wie denn auch? Wagners Werk avancierte von Anbeginn zum festen und hochverehrten Bestandteil deutscher Hochkultur im modernen Zeitalter. Seinem Kultur- und Kultstatus konnte in Deutschland weder sein realer Antisemitismus noch die angebliche Anfälligkeit seines Werks für ideologisches Ungemach etwas anhaben. Zum anderen – und komplementär dazu – wird Wagner in Israel vom breiten Publikum nicht wirklich boykottiert, sondern eher von einer verschwindenden Minderheit, die im Einvernehmen mit staatlichen Institutionen und unter Berufung auf die »Empfindlichkeit der Überlebenden« auf rigorose Einhaltung des Boykotts pocht. Beim musikalisch und kulturell interessierten (zumeist älteren) Publikum lässt sich in den letzten Jahren ganz im Gegenteil ein wachsendes Interesse an Wagner ausmachen. Was nun die Holocaust-Überlebenden in Israel anbelangt, so waren sie nie eine homogene Masse; wie in vielem anderen unterschieden sie sich auch schon immer in ihrem Verhältnis zu Wagner: Manche boykottieren seine Kunst, andere rezipieren sie mit Begeisterung, die allermeisten sind ihr gegenüber schlicht gleichgültig. Besonders auffällig ist, dass Holocaust-Überlebende, die außerhalb Israels leben, ohnehin zumeist nicht begreifen, was Wagner und seine Kunst mit dem Grauen ihres Lebensschicksals zu tun haben sollen.

Stellt Wagner also im heutigen Deutschland noch ein Ärgernis dar? Gewiss nicht mehr wie früher und schon gar nicht als Metapher eines Zeitalters, das »durch ihn tönt«.

Wenn überhaupt, manifestiert sich heutzutage Wagner als Ärgernis in Deutschland einzig noch im alljährlichen Bayreuther Inszenierungsskandal. Es ist dies ein Skandal, der vorwiegend das Feuilleton beschäftigt, ein vorgeplanter Skandal, der von der zumeist auf Provokation angelegten Regiearbeit des jeweils inszenierten Werks herrührt. Da bei den Aufführungen der Werke Partitur und Libretto unberührt bleiben, lässt sich eine Veränderung am tradierten Erwartungshorizont des Publikums nur noch durch Regiearbeit und Inszenierung erreichen. Das Regietheater ist dabei sehr oft unerbittlich, und oft werden mit Vorbedacht Regisseure eingeladen, die es auf eine Provokation anlegen, die dann entsprechend von Publikum und Presse mit exaltierter Ablehnung oder Begeisterung quittiert wird. Es ist fast schon ein abgekartetes Spiel, bei dem die Protagonisten des Bayreuther Wagner-Felds sich – perfekt aufeinander eingespielt – gegenseitig ergänzen. Was vom ehemaligen Ärgernis übrig geblieben ist, waren über Jahre die seifenoperartigen Machenschaften und Intrigen des Bayreuther Wagner-Clans im Heteronomen und die sich immer noch sehr gut verkaufenden Inszenierungsskandale im Bereich des Kunstautonomen. Und selbst diese Skandale sind mittlerweile so sehr zum Muster geronnen, dass man im Grunde weder von Skandal noch von Ärgernis reden kann. Exemplarisch dafür seien zum Abschluss die einleitenden Zeilen einer von Claus Spahn auf ZEIT-Online verfassten Rezension der »Parsifal«-Inszenierung Christoph Schlingensiefs von 2004 angeführt:

> Am Ende des neuen Parsifals von Bayreuth verkündet der unsichtbare Chor leise und in ätherischem As-Dur »Erlösung dem Erlöser« – und in einer langen Videoeinstellung verwest dazu im Zeitraffertempo ein Hasenkadaver. Parsifal will an diesem Abend niemanden erlösen, er will nur sterben und schreitet zu den letzten

Takten durch einen schwarzen Tunnel einer gleißenden Lichtöffnung entgegen. Über diesem Bild senkt sich der Vorhang. Müsste jetzt nicht unverzüglich das große Geheul anheben? Müsste jetzt das Publikum nicht an die Decke gehen angesichts der Angstlust, mit der dem Auftritt des Theateranarchisten Christoph Schlingensief am Grünen Hügel entgegengefiebert wurde? Die Skandalblase platzt aber nicht. Ganz sachte ist ihr im Verlauf der fünf Aufführungsstunden die Luft entwichen. Begeistert wie immer werden die Sänger und der Chor beklatscht. Der Regisseur erhält bei seinem Erscheinen giftige Buhs und ein paar leidenschaftliche Bravos. Schon leert sich das Parkett, und die schweren Regierungslimousinen brausen die Auffahrtsstraße hinab in Richtung Staatsempfang. Schlingensief war da, aber der Hügel steht noch.

Alles ist in dieser gedrängten Textpassage (wie bestellt) versammelt: Das Skandalon des verwesenden Hasenkadavers; die Erwartung des ihm obligatorisch folgenden Geheuls des Publikums; der Theateranarchist als diesjähriger Regisseur, dem man entgegengefiebert hat; die platzende Skandalblase; die gewohnte Begeisterung für Sänger und Chor, die giftigen Buhs, konterkariert von den paar leidenschaftlichen Bravos; die Prominenz in brausenden Regierungslimousinen, der Staatsempfang – und ja, nach alledem steht der Hügel noch. In dieser eingespielten Konstellation, in welcher selbst die Angst Lust generiert, das (politische und sonstige) Establishment sich die Ehre gibt, der künstlerische Anarchist routinemäßig bebuht und bebravot wird, wie denn die Aufführenden beklatscht, in dieser Konstellation von vermeintlich Unvorhergesehenem und gewohnheitsmäßig Perpetuiertem, die im Staatsempfang kulminiert, ist Wagner, wenn überhaupt, nur noch die Karikatur eines Ärgernisses. Die Zeit, als sich

Nietzsche leicht angewidert vom Bayreuther Trubel 1876 abwandte und den langen, leidvollen Weg der Loslösung von seinem geliebten Wagner antrat, ehe er ihm, kurz vor seinem geistigen Zusammenbruch, den besonders schmerzhaften Hieb versetzte, als er Bizets mediterrane »Carmen« gegen den »Wasserdampf des Wagnerschen Ideals« ausspielte – diese Zeit ist längst vergangen. Was einst noch Ärgernis war, weil es eine Herausforderung darstellte, eine Herausforderung, die dem Philosophen eine Polemik auf höchstem Niveau abnötigte, ist zum Routineakt des kulturindustriell prästabilisierten Skandalons, zum schläfrig wahrgenommenen Eklat mutiert. Das ist, von der ursprünglichen Wagnerschen Intention her gesehen, der Verrat am Hügel, zugleich aber auch die Garantie dafür, dass er auch im nächsten Jahr noch stehen wird.